하루 한장 독해

KB127318

비문학 독해

사회편 **1** 단계 (1, 2학년)

비문학 독해

사회편 1 단계 (1, 2학년)

WRITERS

미래엔콘텐츠연구회 & 김진아, 이은영, 정지민, 조현주

미래엔콘텐츠연구회는 No1. Contents를 개발합니다.

COPYRIGHT

인쇄일 2023년 5월 22일(1판3쇄)

발행일 2022년 12월 1일

펴낸이 신광수

펴낸곳 (주)미래엔

등록번호 제16–67호

융합콘텐츠개발실 황은주

개발책임 정은주

개발 김지민, 김현경

디자인실장 손현지

디자인책임 김병석, 김기욱

디자인 이돈일, 김단비

CS본부장 강윤구

제작책임 강승훈

ISBN 979-11-6841-055-8

우리는 수많은 글에 둘러싸여 살아가고 있습니다.
이야기책이나 교과서 글뿐 아니라,
전단의 광고 문구, 가정 통신문의 안내 글,
인터넷 속의 다양한 자료와 글 …

그래서 우리는 글과 자료에 담긴 지식과 정보를
정확하게 이해하고 해석하는 능력을 키워야 합니다.
단순히 글자를 눈으로 읽어 내는 것이 아니라,
사실을 확인하고 의미를 이해하고 핵심을 파악해야
제대로 독해했다고 볼 수 있습니다.

하루 한장 독해의 비문학 독해 사회편은
우리가 궁금해 하는 사회의 폭넓은 이야기를 통해
제대로 독해하는 능력을 키우는 교재입니다.

하루에 한 장씩! 독해의 세계로 떠나 볼까요?

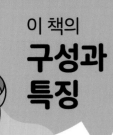

이 책의
구성과 특징

재미있게 ③ ④ ⑤ 학습해요!

③ 매일매일
'매체 독해+글 독해+하루 어휘'
3가지 학습을 할 수 있어요.

④ 블렌디드 러닝인
4번째 학습으로 배경지식을
넓히고 심화시킬 수 있어요.

⑤ 25일차 구성으로
하루 한 장씩 학습하면
5주에 완성할 수 있어요.

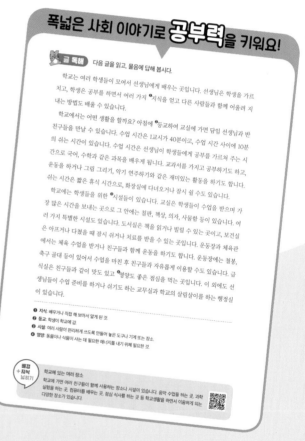

- **미디어 문해력이란?** 매체가 제공하는 다양한 정보를 해석하고 이해하는 능력입니다.

- **그래서 매체 독해가 필요해요!** 일상생활에서 각종 매체를 통해 제공되는 카드 뉴스, 광고, 그래프 등을 이해하고 해석하는 힘을 키울 수 있습니다.

- **사회 교과 연계로 학습 자신감이 생겨요!** 초등 사회 교과서와 연계하여 선정한 주제로 독해 실력은 물론, 사회 학습의 자신감도 키울 수 있습니다.

- **배경지식을 넓혀요!** 주제와 관련된 글 자료, 영상 자료로 깊이 있는 학습을 할 수 있어요.

똑똑하게 독해의 힘을 키워요!

비문학 독해의 힘 글을 구조화하여 읽으며 글 속의 지식과 정보를 파악하는 힘을 키워요.

매체 독해의 힘 미디어로 둘러싸인 환경 속에서 매체 정보를 해석하고 이해하는 힘을 키워요.

하루 한 장의 힘 많은 학습량을 욕심내지 않고 하루에 한 장으로 꾸준하게 공부하는 힘을 키워요.

블렌디드 러닝의 힘 글을 읽다가 꼬리를 물고 이어지는 궁금증을 스스로 해결하는 힘을 키워요.

다양한 문제로 비문학 독해력을 키워요!

1 이 글의 중심 낱말은 어느 것인가요?　　　　　　(　　)
① 공부　　　② 교실　　　③ 수업
④ 시설　　　⑤ 학교

2 학교생활에 대해 바르게 말한 사람의 이름을 모두 쓰세요.
- 종민: 학교는 지식을 얻고, 사람들과 어울려 지내는 방법을 배우는 곳이야.
- 라미: 수업 시간에는 교과서만 가지고 공부하고 다른 활동은 하지 않아.
- 서영: 학교에는 교실, 운동장, 급식실, 교무실과 같은 시설이 있어.

(　　)

3 다음 빈칸에 공통으로 들어갈 알맞은 말을 쓰세요.
아침에 등교하여 (　　)에 가면 담임 선생님과 반 친구들을 만날 수 있다.
(　　)은/는 수업을 받는 곳으로 그 안에는 칠판, 책상, 의자 등이 있다.

(　　)

4 학교에 있는 시설을 모두 골라 ○표 하세요.

체육관		운동장		사무실		교무실
	급식실		세탁실		도서실	

5 학교에 대한 설명으로 바르지 않은 것은 어느 것인가요?　　(　　)
① 급식실은 친구들과 같이 점심을 먹는 곳이다.
② 운동장은 체육 수업 시간에만 이용할 수 있다.
③ 수업 시간은 1교시가 40분이고 쉬는 시간은 10분이다.
④ 학교에서 학생들이 가장 많은 시간을 보내는 곳은 교실이다.
⑤ 학교에서는 선생님께 국어, 수학과 같은 과목을 배우게 된다.

매일매일 어휘력을 키워요!

하루 어휘

1 다음 낱말의 뜻으로 알맞은 것을 선으로 이어 보세요.

등교 ・　　　　　　　　・ 학생이 학교에 감.

영양 ・　　　　　　　　・ 배우거나 직접 해 보아서 알게 된 것.

지식 ・　　　　　　　　・ 동물이나 식물이 사는 데 필요한 에너지를 내기 위해 필요한 것.

2 다음 중 다른 낱말을 포함하는 낱말을 골라 ○표 하세요.
(1)

과목	국어	미술	수학	체육

(2)

급식실	도서실	보건실	특별실

3 다음 빈칸에 들어갈 말의 뜻을 보고, 알맞은 낱말을 보기에서 찾아 쓰세요.

보기　교과서　교무실　급식실　사물함

(1) 선생님께서 부르셔서 ⬚⬚⬚ 에 갔다.
└ 선생님이 수업 준비 등 여러 가지 일을 하는 곳

(2) 공부를 하려고 책상 위에 ⬚⬚⬚ 을/를 펴 놓았다.
└ 학교에서 학생을 가르치기 위해 만든 책

(3) 교실에 있는 ⬚⬚⬚ 속에는 색연필과 색종이가 들어 있다.
└ 학생들이 자기 물건을 넣어둘 수 있게 만든 곳

(4) 점심시간이 되어서 친구들과 ⬚⬚⬚ 에 가서 밥을 먹었다.
└ 학교에서 음식을 나누어 주기 위해 마련한 곳.

- **핵심을 파악하는 힘을 키워요!** 제목 정하기, 세부 내용 확인하기, 중심 내용 찾기 등의 문제를 통해 글의 핵심을 파악하는 힘을 키웁니다.

- **확장하여 생각하는 힘을 키워요!** 의견 나누기, 미루어 짐작하기, 다른 사례에 적용하기 등의 문제를 통해 확장하여 생각하는 힘을 키웁니다.

- **기본적인 뜻과 쓰임을 익혀요!** 새롭게 알게 된 낱말의 기본적인 뜻과 문맥 속에서의 쓰임을 익힙니다.

- **관련 어휘를 함께 공부해요!** 비슷하거나 반대의 뜻을 가지고 있는 말, 헷갈리는 말 등을 묶어서 공부하며 어휘력을 키웁니다.

이 책의 차례

바른답 · 알찬풀이

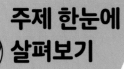

비문학 독해 과학편 ❶~❻

		주제1	주제2	주제3	주제4	주제5
1~2학년	❶단계	**우리 주변의 식물** 우리 주변에서 볼 수 있는 식물의 특징을 살펴보자.	**나의 몸** 눈, 귀, 코, 혀 등 우리 몸이 하는 일을 살펴보자.	**계절과 날씨** 우리나라 사계절의 특징과 날씨, 일기 예보에 대해 알아보자.	**고마운 에너지** 에너지의 뜻과 에너지를 절약하는 방법을 알아보자.	**소중한 물** 물의 세 가지 상태와 물의 중요성을 알아보자.
	❷단계	**우리 주변의 동물** 우리 주변에서 볼 수 있는 동물의 특징을 살펴보자.	**안전한 생활** 우리가 질병이나 사고로부터 안전하게 생활할 수 있는 방법을 알아보자.	**우리가 사는 지구** 우리가 지구에서 사는 까닭과 지구에서 볼 수 있는 자연환경을 살펴보자.	**소리의 세계** 소리의 성질과 소음을 줄이는 방법을 알아보자.	**물질의 성질** 물체와 물질의 차이를 알아보고, 물질의 성질이 생활에 이용되는 예를 살펴보자.
3~4학년	❸단계	**동물 이야기** 동물의 암수 구별과 배추흰나비와 개의 한살이에 대해 알아보자.	**자석 이야기** 자석의 성질을 알아보고, 일상생활에서 자석을 활용한 예를 살펴보자.	**지구의 모습** 지구의 탄생 과정과 지구의 다양한 모습에 대해 알아보자.	**지표의 변화** 물이나 바람 등에 의해 지표가 변하고 있는 여러 모습을 살펴보자.	**물질의 상태** 물질의 세 가지 상태의 특징을 이해하고, 물질을 세 가지 상태로 분류해 보자.
	❹단계	**지구의 변화** 지층과 화석, 화산과 지진 등 지구의 변화에 대해 알아보자.	**물체의 무게** 저울의 원리를 알아보고, 무게와 질량의 차이점을 살펴보자.	**그림자와 거울** 빛을 이용한 정보 전달, 그림자와 거울에 대해 알아보자.	**식물 이야기** 꽃가루받이, 식물의 한살이, 사는 곳에 따른 식물의 특징 등을 살펴보자.	**물질의 변화** 물의 상태 변화로 일어나는 현상을 알아보고, 이를 활용한 예를 살펴보자.
5~6학년	❺단계	**다양한 기상 현상** 대기 중에서 일어나는 다양한 기상 현상을 살펴보자.	**다양한 생물과 환경** 다양한 생물이 우리 생활과 환경에 어떤 영향을 주는지 알아보자.	**신비한 우주** 천체, 우주 탐사와 우주 개발에 대해 알아보자.	**산과 염기 이야기** 산과 염기의 특징을 이해하고, 우리 생활에서 이용되는 예를 알아보자.	**온도와 열 이야기** 온도와 열의 의미를 이해하고, 열의 이동 방법을 알아보자.
	❻단계	**전기 이야기** 우리 생활을 편리하게 해 주는 전기에 대해 알아보자.	**재미있는 기체 이야기** 기체의 성질과 예를 살펴보고, 온도와 압력에 따른 기체의 부피 변화를 알아보자.	**지구의 운동과 달의 운동** 지구의 운동과 달의 운동에 의해 나타나는 자연 현상에 대해 배워 보자.	**식물의 구조와 기능** 식물은 어떤 구조로 이루어져 있으며, 각 기관이 하는 일을 살펴보자.	**우리 몸의 구조와 기능** 우리 몸속 기관이 하는 일과 자극이 전달되고 반응하는 과정 등을 알아보자.

비문학 독해 사회편 ❶~❻

알고 싶은 주제, 재미있는 주제가 있다면
스스로 찾아 먼저 공부해도 좋아요!

❶ 단계	**주제1** 작은 사회, 학교	**주제2** 계절에 따라 다른 생활 모습	**주제3** 소중한 우리 가족	**주제4** 명절과 세시 풍속	**주제5** 자랑스러운 우리나라
	학교에서의 바르고 안전한 생활에 대 해 알아보자.	사계절의 날씨와 특징, 생활 모습을 살펴보자.	옛날과 오늘날의 가족 형태, 호칭을 배워 보자.	설날과 추석, 열두 달의 세시 풍속을 알아보자.	세계에 자랑할 만 한 우리의 문화를 살펴보자.

❷ 단계	**주제1** 계절마다 다른 날씨	**주제2** 사회 속의 나	**주제3** 소중한 가족	**주제4** 우리 동네, 우리 고장	**주제5** 세계의 여러 나라
	날씨와 기후를 구 분하고, 계절별 날 씨를 살펴보자.	사회화, 직업 선택, 저축과 소비에 대 해 배워 보자.	가족의 형태, 가족 구성원의 역할 변 화를 알아보자.	공공시설, 사람들 의 직업 등 고장의 모습을 살펴보자.	세계 여러 나라의 의식주 생활 모습 을 살펴보자.

❸ 단계	**주제1** 우리가 사는 고장	**주제2** 우리나라의 전통	**주제3** 교통과 통신의 발달	**주제4** 다양한 의식주 생활 모습	**주제5** 도구의 변화, 달라진 생활 모습	**주제6** 오늘날의 가족 모습
	고장의 환경과 사 람들의 생활 모습 을 살펴보자.	오늘날까지 이어 져 온 우리의 전통 을 알아보자.	교통·통신의 발달 로 나타난 생활의 변화를 알아보자.	자연환경에 따라 다른 다양한 생활 모습을 살펴보자.	여러 도구의 발달 로 나타난 생활의 변화를 알아보자.	결혼식 모습과 다 양한 가족 형태를 살펴보자.

❹ 단계	**주제1** 지도 속 세상	**주제2** 사람들이 살아가는 곳	**주제3** 소중한 문화유산	**주제4** 공공 기관과 주민 참여	**주제5** 경제 활동	**주제6** 사회 변화로 나타 난 생활 속 변화
	지도의 기본 요소, 지도의 이용에 대 해 알아보자.	삶의 터전으로서 도시와 촌락의 모 습을 비교해 보자.	우리나라의 소중한 문화유산을 살펴 보자.	공공 기관과 다수 결의 원칙에 대해 배워 보자.	생산과 소비, 수요 와 공급, 경제적 교 류 등 경제 활동에 대해 알아보자.	세계화, 정보화, 고 령화 등으로 나타 난 변화 모습을 살 펴보자.

❺ 단계	**주제1** 우리 국토의 위치와 영역	**주제2** 우리나라의 자연환경	**주제3** 우리나라의 인문 환경	**주제4** 인권을 존중하는 사회	**주제5** 일상생활과 법
	우리나라의 위치 와 영토, 영해, 영공 으로 이루어진 영 역을 살펴보자.	우리나라 지형과 기후의 특징, 자연 재해의 종류를 알 아보자.	우리나라의 도시 와 인구 성장, 산업 과 교통 발달에 대 해 배워 보자.	인권의 중요성과 인 권을 지키기 위한 다양한 노력을 살 펴보자.	헌법을 비롯하여 생활 속에서 접할 수 있는 다양한 법 을 배워 보자.

❻ 단계	**주제1** 민주 정치의 발전	**주제2** 시장과 경제	**주제3** 세계의 자연환경	**주제4** 세계 여러 지역의 삶의 모습	**주제5** 살기 좋은 지구촌
	우리나라의 민주 정치의 발전 과정 과 선거에 대해 배 워 보자.	우리나라의 경제 성장 과정과 경제 교류의 모습을 살 펴보자.	세계 여러 나라의 국토 모습, 지형과 기후의 특징을 알 아보자.	우리와 가까운 나 라들, 세계의 종교 와 문화에 대해 배 워 보자.	국제 분쟁과 환경 문제, 살기 좋은 지 구를 만들기 위한 노력을 살펴보자.

주제

1

작은 사회, 학교

이번 주에 공부할 내용에 대한
주간 학습 계획을 세워 보세요.

	공부할 내용	교과 연계	공부한 날	스스로 평가
1장	학교는 어떤 곳인가요	봄 1-1 [1단원]	월 일	😫 😋 😖
2장	학교생활을 바르게	봄 1-1 [1단원]	월 일	😫 😋 😖
3장	안전한 학교생활	봄 1-1 [1단원]	월 일	😫 😋 😖
4장	우리는 다정한 친구	봄 1-1 [1단원]	월 일	😫 😋 😖

학교는 어떤 곳인가요

정답 확인
하루한장 앱에서 학습 인증하고 하루템을 모으세요!

매체 독해 다음 안내도를 보고, 물음에 답해 봅시다.

○○초등학교 안내도

3층	6-1	6-2	화장실	자료실	6-3	6-4	4-1	연구실	4-2	4-3	4-4	자료실	화장실	연구실	2-1	2-2	2-3	2-4
2층	5-3	5-4	화장실	자료실	5-5	시설관리실	3-1	방송실	3-2	3-3	3-4	자료실	화장실	연구실	1-1	1-2	1-3	1-4
1층	5-1	5-2	화장실	자료실	컴퓨터실	보건실	행정실	교장실	교무실	자료실	화장실	급식실	도서실

영어실

방과후1 방과후2 방과후3 유치원
과학실 음악실

체육관 학교숲 운동장 주차장

1 위의 안내도가 필요한 상황을 모두 골라 색칠하세요.

> 손님에게 학교를 안내해 줄 때

> 학교를 찾아오는 방법을 알려 줄 때

> 1학년 신입생에게 학교를 소개해 줄 때

2 안내도를 보고 바르게 설명한 것은 어느 것인가요? (   )

① 1층에는 교실이 없다.　　　　　② 급식실은 3층에 있다.

③ 모든 학년이 4반까지 있다.　　　④ 화장실은 층마다 하나씩 있다.

⑤ 방과 후 교실은 유치원 옆 건물에 있다.

학교는 여러 학생들이 모여서 선생님에게 배우는 곳입니다. 선생님은 학생을 가르치고, 학생은 공부를 하면서 여러 가지 **❶지식**을 얻고 다른 사람들과 함께 어울려 지내는 방법도 배울 수 있습니다.

학교에서는 어떤 생활을 할까요? 아침에 **❷등교**하여 교실에 가면 담임 선생님과 반 친구들을 만날 수 있습니다. 수업 시간은 1교시가 40분이고, 수업 시간 사이에 10분의 쉬는 시간이 있습니다. 수업 시간은 선생님이 학생들에게 공부를 가르쳐 주는 시간으로 국어, 수학과 같은 과목을 배우게 됩니다. 교과서를 가지고 공부하기도 하고, 운동을 하거나 그림 그리기, 악기 연주하기와 같은 재미있는 활동을 하기도 합니다. 쉬는 시간은 짧은 휴식 시간으로, 화장실에 다녀오거나 잠시 쉴 수도 있습니다.

학교에는 학생들을 위한 **❸시설**들이 있습니다. 교실은 학생들이 수업을 받으며 가장 많은 시간을 보내는 곳으로 그 안에는 칠판, 책상, 의자, 사물함 등이 있습니다. 여러 가지 특별한 시설도 있습니다. 도서실은 책을 읽거나 빌릴 수 있는 곳이고, 보건실은 아프거나 다쳤을 때 잠시 쉬거나 치료를 받을 수 있는 곳입니다. 운동장과 체육관에서는 체육 수업을 받거나 친구들과 함께 운동을 하기도 합니다. 운동장에는 철봉, 축구 골대 등이 있어서 수업을 마친 후 친구들과 자유롭게 이용할 수도 있습니다. 급식실은 친구들과 같이 맛도 있고 **❹영양**도 좋은 점심을 먹는 곳입니다. 이 외에도 선생님들이 수업 준비를 하거나 쉬기도 하는 교무실과 학교의 살림살이를 하는 행정실이 있습니다.

----

❶ **지식**: 배우거나 직접 해 보아서 알게 된 것.
❷ **등교**: 학생이 학교에 감.
❸ **시설**: 여러 사람이 편리하게 쓰도록 만들어 놓은 도구나 기계 또는 장소.
❹ **영양**: 동물이나 식물이 사는 데 필요한 에너지를 내기 위해 필요한 것.

 학교에 있는 여러 장소
학교에 가면 여러 친구들이 함께 사용하는 장소나 시설이 있습니다. 음악 수업을 하는 곳, 과학 실험을 하는 곳, 컴퓨터를 배우는 곳, 점심 식사를 하는 곳 등 학교생활을 하면서 이용하게 되는 다양한 장소가 있습니다.

1 이 글의 중심 낱말은 어느 것인가요?　　　　　　　　　　　　　　　（　　　　　）

① 공부　　　　　　　　　② 교실　　　　　　　　　③ 수업
④ 시설　　　　　　　　　⑤ 학교

2 학교생활에 대해 바르게 말한 사람의 이름을 모두 쓰세요.

> • 종민: 학교는 지식을 얻고, 사람들과 어울려 지내는 방법을 배우는 곳이야.
> • 라미: 수업 시간에는 교과서만 가지고 공부하고 다른 활동은 하지 않아.
> • 서영: 학교에는 교실, 운동장, 급식실, 교무실과 같은 시설이 있어.

（　　　　　　　　　　）

3 다음 빈칸에 공통으로 들어갈 알맞은 말을 쓰세요.

> 아침에 등교하여 （　　　　）에 가면 담임 선생님과 반 친구들을 만날 수 있다.
> （　　　　）은/는 수업을 받는 곳으로 그 안에는 칠판, 책상, 의자 등이 있다.

（　　　　　　　　　　）

4 학교에 있는 시설을 모두 골라 ○표 하세요.

> 체육관　　　　　운동장　　　　　사무실　　　　교무실
> 급식실　　　　세탁실　　　　도서실

5 학교에 대한 설명으로 바르지 <u>않은</u> 것은 어느 것인가요?　　　　　（　　　　　）

① 급식실은 친구들과 같이 점심을 먹는 곳이다.
② 운동장은 체육 수업 시간에만 이용할 수 있다.
③ 수업 시간은 1교시가 40분이고 쉬는 시간은 10분이다.
④ 학교에서 학생들이 가장 많은 시간을 보내는 곳은 교실이다.
⑤ 학교에서는 선생님께 국어, 수학과 같은 과목을 배우게 된다.

1 다음 낱말의 뜻으로 알맞은 것을 선으로 이어 보세요.

등교 •	• 학생이 학교에 감.
영양 •	• 배우거나 직접 해 보아서 알게 된 것.
지식 •	• 동물이나 식물이 사는 데 필요한 에너지를 내기 위해 필요한 것.

2 다음 중 다른 낱말을 포함하는 낱말을 골라 ○표 하세요.

(1) 과목　　　국어　　　미술　　　수학　　　체육

(2) 급식실　　　도서실　　　보건실　　　특별실

3 다음 빈칸에 들어갈 말의 뜻을 보고, 알맞은 낱말을 보기 에서 찾아 쓰세요.

보기　　교과서　　　교무실　　　급식실　　　사물함

(1) 선생님께서 부르셔서 [　　　] 에 갔다.
　└ 선생님이 수업 준비 등 여러 가지 일을 하는 곳.

(2) 공부를 하려고 책상 위에 [　　　] 을/를 펴 놓았다.
　└ 학교에서 학생들을 가르치기 위해 만든 책.

(3) 교실에 있는 [　　　] 속에는 색연필과 색종이가 들어 있다.
　└ 학생들이 자기 물건을 넣어둘 수 있게 만든 곳.

(4) 점심시간이 되어서 친구들과 [　　　] 에 가서 밥을 먹었다.
　└ 학교에서 음식을 나누어 주기 위해 마련한 곳.

정답 확인
하루한장 앱에서 학습 인증하고 하루템을 모으세요!

매체 독해 다음 안내문을 읽고, 물음에 답해 봅시다.

㉠

"다 함께 지켜요"

1. 수업 시간에 필요한 준비물을 등교하기 전에 미리 챙겨요.

2. 선생님과 친구를 만나면 반갑게 인사해요.

3. 교실에 들어가면 책가방과 책상을 정리하고, 선생님께서 말씀하신 아침 활동을 해요.

4. 수업 시간에는 선생님 말씀을 잘 듣고 열심히 공부해요.

5. 발표할 때에는 친구들이 모두 들을 수 있게 큰 목소리로 말해요.

6. 화장실은 쉬는 시간에 가고, 순서를 지켜서 이용해요.

7. 화장실을 사용한 후에는 물을 내리고, 손도 깨끗이 씻고 나와요.

8. 교실과 복도에서는 장난을 치거나 뛰어다니지 않아요.

1 ㉠에 들어갈 제목으로 가장 알맞은 것은 어느 것인가요? (   )

① 학교에 가야 하는 까닭

② 학교에서 배우는 것들

③ 학교에서 지켜야 하는 규칙

④ 친구들과 사이좋게 지내는 방법

⑤ 학교에 있는 시설을 이용하는 방법

2 안내문을 읽고, 바르게 말한 사람의 이름을 쓰세요.

- 윤지: 수업 시간에 필요한 준비물을 잘 챙겨요.
- 지욱: 수업 시간에는 친구들과 재미있게 이야기해요.
- 예지: 교실에서는 안 되지만 복도와 계단에서는 신나게 뛰어놀아요.

(   )

학교는 다 같이 생활하는 곳이므로 모두가 사이좋게 지내기 위해서는 규칙이 **❶**필요합니다. '규칙'이란 여러 사람이 다 같이 지키기로 정한 약속을 말합니다. 우리가 학교에서 지켜야 할 규칙에는 어떤 것이 있을까요?

아침에 학교에 갈 때에는 정해진 시간까지 교실로 갑니다. 너무 일찍 학교에 가면 혼자 있게 될 수도 있으니 등교 시간을 지켜서 갑니다. 학교를 마치고 집에 돌아올 때에도 정해진 **❷**하교 시간을 지킵니다.

수업 시간에는 바른 자세로 앉아 선생님이 가르쳐 주시는 것을 잘 듣고 열심히 공부합니다. 수업 중에 친구들과 이야기하고 큰 소리로 떠들거나 마음대로 자리를 옮겨 다니지 않습니다. 발표하고 싶은 내용이 있으면 손을 들고 선생님이 시킬 때 이야기합니다. 수업 시간에 마음대로 행동하면 다른 친구들에게 **❸**방해가 되기 때문입니다.

학교에서 활동을 할 때에는 차례를 지켜야 합니다. 체육 시간이나 **❹**체험 활동을 할 때, 도서관에서 책을 빌릴 때, 급식을 나눠 받을 때에는 정해진 순서를 잘 지켜야 합니다. 남보다 먼저 하고 싶어도 자기 차례가 될 때까지 기다려야 합니다. 그래야 다 같이 재미있게 활동할 수 있고, 밥도 **❺**제시간에 먹을 수 있기 때문입니다.

활동을 하거나 친구들과 놀고 난 뒤에는 정리 정돈을 잘해야 합니다. 정리 정돈을 하면 다음에 물건을 찾기도 쉽고, 망가지지 않게 가지고 있을 수 있기 때문입니다. 또 내 **❻**주변이 깨끗하면 교실 전체가 깨끗해지고 모두가 즐겁게 생활할 수 있습니다.

---

❶ **필요**: 반드시 있어야 한다고 생각되는 것.
❷ **하교**: 공부를 마치고 학교에서 집으로 돌아가는 것.
❸ **방해**: 남의 일에 일부러 끼어들어서 좋지 않게 하고 괴롭히는 것.
❹ **체험**: 자기가 직접 겪은 일.
❺ **제시간**: 정한 시간.
❻ **주변**: 어떤 사람이나 물건의 바깥 가까이 있는 부분.

 학교에서의 생활
학교는 여러 사람이 모여 공부하는 곳으로, 학교에서는 규칙에 맞게 공부하고 생활하게 됩니다. 정해진 시간에 수업을 받고 정해진 시간에 쉴 수 있으며, 친구들과 함께 지내면서 지켜야 할 행동들을 배우게 됩니다.

1 '여러 사람이 다 같이 지키기로 정한 약속'을 무엇이라고 하나요? ( )

① 규칙 ② 생활 ③ 자세
④ 차례 ⑤ 활동

2 학교에서 지켜야 할 규칙으로 알맞은 것을 모두 골라 ○표 하세요.

등교 시간과 하고 시간을 지킨다.	수업 중에는 큰 소리로 떠들지 않는다.	발표는 손을 들면서 곧바로 한다.	주변 정리 정돈을 잘한다.
( )	( )	( )	( )

3 학교에서 규칙이 필요한 까닭은 무엇인가요? (정답 2개) ( )

① 친구의 기분을 좋게 하려고 ② 선생님이 정한 규칙이기 때문에
③ 모두가 사이좋게 지내기 위해서 ④ 학교는 다 같이 생활하는 곳이므로
⑤ 규칙을 지키지 않으면 벌을 받으므로

4 학교에서 정해진 순서를 지켜야 하는 때에는 ○표, 그렇지 <u>않은</u> 때에는 ×표 하세요.

체육 시간이나 체험 활동을 할 때	급식을 나눠 받을 때	아침에 등교하여 교실로 갈 때	도서관에서 책을 빌릴 때

5 이 글에 나오지 <u>않는</u> 내용은 어느 것인가요? ( )

① 학교 규칙이 필요한 까닭 ② 학교에서 차례를 지켜야 하는 때
③ 학교에서 지켜야 할 규칙의 내용 ④ 수업 시간에 지녀야 할 올바른 태도
⑤ 친구에게 바른 말을 써야 하는 까닭

1 다음의 뜻을 가진 낱말을 보기 에서 찾아 쓰세요.

> 보기 　　　　　방해　　　　　주변　　　　　필요

(1) 반드시 있어야 한다고 생각되는 것. 　　　　　　　(　　　　　　　)

(2) 어떤 사람이나 물건의 바깥 가까이 있는 부분. 　　(　　　　　　　)

(3) 남의 일에 일부러 끼어들어서 좋지 않게 하고 괴롭히는 것. 　(　　　　　　　)

2 다음 밑줄 친 말을 따라 쓰고, 이 말과 반대의 뜻을 가진 낱말을 보기 에서 골라 쓰세요.

> 보기 　　　　오다　　　　주다　　　　배우다　　　　어기다

(1) 월요일부터 금요일까지 매일 학교에 <u>가다</u>.

| 가 | 다 | ↔ | | |

(2) 친구들과 만나기로 한 시간을 <u>지키다</u>.

| 지 | 키 | 다 | ↔ | | | |

(3) 엄마가 동생에게 젓가락질을 <u>가르치다</u>.

| 가 | 르 | 치 | 다 | ↔ | | | |

3 다음 빈칸에 들어갈 알맞은 낱말을 선으로 이어 보세요.

| 오늘 학교 수업을 일찍 (　　　). | ● | | ● | 떠들다 |

| 아이들이 골목에서 크게 (　　　). | ● | | ● | 마치다 |

| 함부로 만져서 장난감이 (　　　). | ● | | ● | 망가지다 |

3장 안전한 학교생활

 매체 독해 다음 그래프를 보고, 물음에 답해 봅시다.

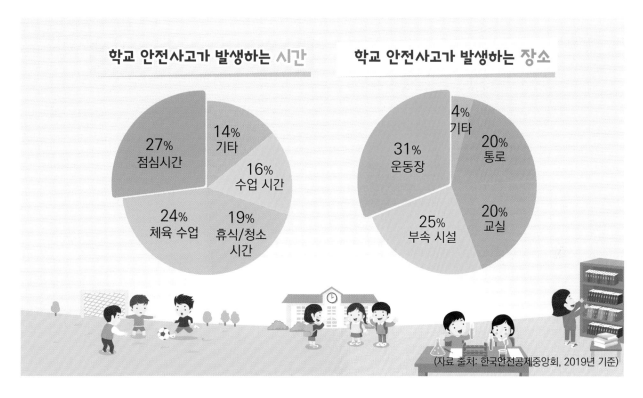

학교 안전사고가 발생하는 시간
- 14% 기타
- 16% 수업 시간
- 19% 휴식/청소 시간
- 24% 체육 수업
- 27% 점심시간

학교 안전사고가 발생하는 장소
- 4% 기타
- 20% 통로
- 20% 교실
- 25% 부속 시설
- 31% 운동장

(자료 출처: 한국안전공제중앙회, 2019년 기준)

1 그래프를 보고 학교에서 안전사고가 가장 많이 발생하는 장소를 골라 ○표 하세요.

(   )   (   )   (   )

2 그래프에 대한 설명으로 옳은 것에는 ○표, 옳지 <u>않은</u> 것에는 ×표 하세요.

(1) 학교 안전사고가 가장 많이 발생하는 시간은 청소 시간이다.   (   )

(2) 학교 안전사고는 수업 시간, 점심시간 등 다양한 시간에 발생한다.   (   )

(3) 학교에서는 언제 어디서나 안전사고가 발생할 수 있으므로 조심해야 한다.

     (   )

학교에서 생활하는 동안에는 모두가 ❶안전하게 지내는 것이 중요합니다. 학교는 여럿이 함께 지내기 때문에 학교 안, 학교 밖 어느 곳에서 어떤 ❷사고가 일어날지 알 수 없습니다. 안전한 학교생활을 위해서는 어떻게 행동해야 할까요?

교실에서는 뛰어다니거나 친구와 심하게 장난치지 말아야 합니다. 뛰어다니거나 장난치다가 넘어질 수도 있고, 책상이나 의자에 부딪혀서 다칠 수도 있기 때문입니다. 뾰족한 연필, 가위 같은 것을 들고 장난하는 일도 위험합니다. 실수로 친구에게 상처를 낼 수도 있기 때문입니다. 교실의 창틀에 올라가거나 기대어 앉는 행동도 큰 사고로 이어질 수 있으니 조심해야 합니다.

학교 운동장은 안전사고가 가장 많이 일어나는 곳입니다. 체육 활동 전에는 준비 운동을 하여 몸을 풀어 주어야 다치지 않습니다. 구름다리, 정글짐 같은 놀이 기구를 이용할 때에는 높은 곳에서 떨어지지 않도록 조심합니다. 또 햇볕이 뜨거운 날에는 놀이 기구가 뜨거울 수 있으니 잡을 때 ❸주의해야 합니다.

학교에 오고 가는 길에서도 항상 주위를 잘 살펴야 합니다. 특히 빠르게 달리는 자전거와 부딪히면 다칠 수 있으니 조심해야 합니다. 길을 건널 때에는 횡단보도가 있는 곳에서만 건너고, 교통 ❹신호를 잘 지켜야 합니다. 안전한 학교생활은 모두가 같이 만들어 가는 것입니다.

---

❶ **안전**: 위험한 일이나 좋지 않은 일이 일어나지 않는 상태.

❷ **사고**: 뜻밖에 일어난 좋지 않은 일.

❸ **주의하다**: 마음에 새겨 두고 조심하다.

❹ **신호**: 어떤 내용을 알려 주거나 어떤 행동을 해야 하는지 알려 주는 물건이나 소리, 몸짓 같은 것.

 안전한 학교생활을 위한 노력

학교에서는 여러 가지 사고가 발생합니다. 그래서 안전한 학교생활을 위해 학교에서는 안전 수칙을 정해 놓고 있으며, 학교 밖에서는 어린이를 보호하기 위해 스쿨 존을 만드는 등 여러 노력을 기울이고 있습니다.

1 다음 빈칸에 알맞은 말을 써서 이 글의 제목을 완성하세요.

한 학교생활

2 학교에서 안전사고가 가장 많이 일어나는 곳은 어디인가요? ( )

① 교실 ② 급식실 ③ 도서실
④ 운동장 ⑤ 횡단보도

3 안전사고를 일으키는 원인과 일어날 수 있는 사고를 선으로 이어 보세요.

연필, 가위 •   • 높은 곳에서 떨어질 수 있어요.

놀이 기구 •   • 길에서 부딪히면 다칠 수 있어요.

자전거 •   • 친구에게 상처를 낼 수 있어요.

4 학교에서 안전하게 생활해야 하는 까닭이 <u>아닌</u> 것은 어느 것인가요? ( )

① 넘어져서 다칠 수 있기 때문에
② 작은 행동이 큰 사고로 이어질 수 있기 때문에
③ 실수로 친구의 몸을 아프게 만들 수도 있기 때문에
④ 교통 신호를 지키지 않다가 들키면 선생님에게 혼나기 때문에
⑤ 여럿이 함께 지내는 곳이라서 어떤 사고가 일어날지 모르기 때문에

5 학교에서 안전하게 생활하는 방법을 바르게 말한 사람의 이름을 모두 쓰세요.

• 도현: 교실에서 급한 일이 생겼을 때에는 뛰어다녀도 돼.
• 원석: 놀이 기구를 이용할 때에는 높은 곳에서 떨어지지 않게 조심해야 해.
• 지수: 학교에 가거나 집으로 돌아올 때에는 교통 신호를 잘 지켜야 해.

( )

1 다음 낱말의 뜻으로 알맞은 것을 선으로 이어 보세요.

사고 •

신호 •

안전 •

• 뜻밖에 일어난 좋지 않은 일.

• 위험한 일이나 좋지 않은 일이 일어나지 않는 상태.

• 어떤 내용을 알려 주거나 어떤 행동을 해야 하는지 알려 주는 물건이나 소리, 몸짓 같은 것.

2 다음 낱말의 뜻을 보고, 문장에 들어갈 알맞은 낱말을 골라 ○표 하세요.

(1)
| 안다 | 두 팔을 벌려 품 안에 있게 하다. |
| 앉다 | 사람이나 동물이 윗몸을 바로 한 상태에서 엉덩이를 바닥에 붙이다. |

창문 너머로 엄마가 아기를 (안는 / 앉는) 모습이 보였다.
창틀에 올라가거나 기대어 (안는 / 앉는) 행동은 위험하다.

(2)
| 박 | 여름에 피는 덩굴풀의 흰 꽃이 지고 열리는 열매로, 말려서 바가지를 만듦. |
| 밖 | 어떤 선이나 경계를 넘어 선 쪽. |

소리가 나서 (박 / 밖)을 내다보니 친구가 손을 흔들고 있었다.
흥부 부부가 (박 / 밖)을 탔더니 그 안에서 금은보화가 쏟아져 나왔다.

3 다음 그림을 보고 빈칸에 들어갈 알맞은 낱말을 보기 에서 찾아 쓰세요.

보기   넘어지지   떨어지지   부딪히지

(1)

(2)

(3)

않도록 조심해요!   않도록 조심해요!   않도록 조심해요!

4장 우리는 다정한 친구

 **매체 독해** 다음 역할극 대본을 읽고, 물음에 답해 봅시다.

• 등장 인물: 하루, 솔이

• 장소: 교실 복도

솔이: 하루야, 안녕?

하루: (시무룩한 표정으로) 솔아, 안녕?

솔이: 하루야, 무슨 일 있어? 너무 힘이 없어 보여.

하루: 무궁화 그리기 대회에서 상을 받지 못해서 너무 속상해. 정말 열심히 그렸는데…….

솔이: (시큰둥하게) ㉠ 네가 그림을 못 그렸겠지. 뭘 그런 거 가지고 속상해 하고 그래.

하루: (화난 목소리로) 뭐라고? 어떻게 그렇게 말할 수 있어?

솔이: 왜 그래? 난 그냥 내 생각을 말한 것뿐인데!

하루: 너는 그래도 내 친구잖아. 내 기분을 좀 생각해 줄 수 없어?

---

1 하루가 솔이에게 화가 난 까닭은 무엇인가요? ( )

① 솔이가 하루의 인사를 받아 주지 않아서

② 무궁화 그리기 대회에서 상을 받지 못해서

③ 무궁화 그리기 대회에서 그림을 못 그린 것을 들켜서

④ 솔이가 하루에게 힘이 없어 보이는 까닭을 묻지 않아서

⑤ 솔이가 하루의 기분을 생각하지 않고 자신의 생각만 말해서

2 밑줄 친 ㉠ 대신에 할 수 있는 배려하는 말을 모두 골라 색칠하세요.

정말 속상했겠다. 나도 너였다면 무척 서운했을 것 같아.	너는 그림을 잘 그리니까 다음에는 꼭 뽑힐 거야. 힘내!	상을 받으려고 대회에 나가면 안 돼. 그런 건 중요한 게 아니야.

학교에 가면 새로운 친구를 만나게 됩니다. 새로운 친구와는 어떻게 친해질 수 있을까요? 또 함께 공부하고, 놀고, 밥도 먹는 친구들과 사이좋게 지내려면 어떻게 해야 할까요?

첫째, 친구를 만나면 먼저 반갑게 인사를 합니다. 인사할 때에는 친구와 눈빛을 주고받으며 분명한 소리로 잘 들리게 말하는 것이 좋습니다. 인사를 나누다 보면 친구와 더 쉽게 친해질 수 있고 친구에게 좋은 ❶인상을 줄 수 있습니다. 학교에서 친구를 만나면 머뭇거리지 말고 "안녕?" 하고 먼저 인사해 봅시다.

둘째, 친구 사이에도 ❷예절을 잘 지키고 고운 말을 써야 합니다. 우리는 '고마워', '좋아', '괜찮아'와 같은 고운 말을 들으면 기분이 좋아집니다. 반면 '싫어', '미워', '바보야'와 같은 거친 말을 들으면 기분이 나빠지고 마음에 ❸상처를 받기도 합니다. 그래서 고운 말을 들으면 ❹상대도 고운 말로 대답하고, 나쁜 말을 들으면 상대도 나쁜 말로 대답하기 마련입니다.

셋째, 어려움을 겪는 친구가 있다면 도와주고, 친구와 한 약속을 잘 지켜야 합니다. 친구가 무거운 것을 들고 가면 같이 들어 주고, 아픈 친구가 있다면 보건실에 데려다 줍니다. 친구를 도와주면 그 친구와 사이가 더 좋아질 수 있습니다. 친구와 한 약속을 잘 지키는 것도 중요합니다. 약속을 잘 지키면 믿음을 줄 수 있고, 친구들과도 사이가 더 좋아집니다.

----

❶ **인상**: 어떤 물건이나 사람에 대하여 마음속에 남은 느낌.
❷ **예절**: 사람들이 서로 잘 지내기 위해 지켜야 하는 말하기 방법과 태도.
❸ **상처**: 몸을 다친 자리나 마음을 다친 자국.
❹ **상대**: 서로 마주 보이게 있는 사람.

 인사의 중요성
우리는 다른 사람을 만나면 인사를 합니다. 상대를 알아보고 인사하면서 상대방과 눈빛을 주고받게 됩니다. 밝게 미소를 지으며 인사하면 상대방에게 좋은 인상을 줄 수 있고, 서로 쉽게 친해질 수 있는 기회를 얻기도 합니다.

1 이 글의 중심 내용은 어느 것인가요? ( )

① 인사를 잘하는 방법
② 친구와 화해하는 방법
③ 친구와 잘 지내는 방법
④ 기분이 좋아지는 말의 종류
⑤ 친구에게 도움을 받는 방법

2 다음 빈칸에 공통으로 들어갈 알맞은 말을 쓰세요.

> • ( )할 때에는 친구와 눈빛을 주고받으며 분명한 소리로 말한다.
> • ( )을/를 하면 친구와 더 쉽게 친해지고 좋은 인상을 줄 수 있다.

( )

3 고운 말과 거친 말을 보기 에서 찾아 쓰세요.

> 보기   미워   싫어   좋아   고마워   괜찮아   바보야

(1) 고운 말: ( )
(2) 거친 말: ( )

4 어려움을 겪는 친구를 돕는 행동은 어느 것인가요? (정답 2개) ( )

① 생일에 편지 써 주기
② 나 혼자 책상 정리하기
③ 무거운 것 같이 들어 주기
④ 아픈 친구 보건실에 데려가기
⑤ 친구에게 큰 소리로 일 시키기

5 친구들과 잘 지내기 위해 해야 할 행동에는 ○표, 하지 말아야 할 행동에는 ×표 하세요.

(1) 친구를 놀리는 말을 한다. ( )
(2) 친구와 한 약속을 꼭 지킨다. ( )
(3) 친구를 만나면 반갑게 먼저 인사한다. ( )
(4) 친구가 인사를 받지 않으면 다시 인사하지 않는다. ( )

1 다음의 뜻을 가진 낱말을 보기 에서 찾아 쓰세요.

보기	상대	상처	인상	예절

(1) 서로 마주 보이게 있는 사람. ( )

(2) 몸을 다친 자리나 마음을 다친 자국. ( )

(3) 어떤 물건이나 사람에 대하여 마음속에 남은 느낌. ( )

(4) 사람들이 서로 잘 지내기 위해 지켜야 하는 말하기 방법과 태도. ( )

2 다음 밑줄 친 낱말과 반대의 뜻을 가진 낱말을 선으로 이어 보세요.

언니는 같은 반 친구들과 사이가 <u>좋다</u>.	•	•	곱다
내 동생은 마음은 착한데 말이 <u>거칠다</u>.	•	•	나쁘다
길에서 친구를 만났던 기억이 <u>분명하다</u>.	•	•	몰라보다
오랜만에 만난 유치원 친구를 <u>알아보다</u>.	•	•	흐릿하다

3 다음 그림을 보고 빈칸에 들어갈 알맞은 낱말을 보기 에서 찾아 쓰세요.

보기	도와주다	약속하다	인사하다

(1) 친구에게

(2) 친구와

(3) 친구를

주제1 작은 학교, 사회

끝말잇기 놀이를 하면서, **주제1**에서 공부한 낱말의 뜻을
다시 한번 떠올려 봐요.

정답 확인

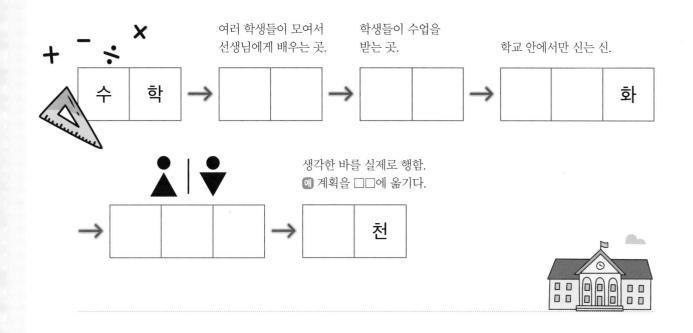

여러 학생들이 모여서 선생님에게 배우는 곳.

학생들이 수업을 받는 곳.

학교 안에서만 신는 신.

| 수 | 학 | → | | | → | | | → | | | 화 |

생각한 바를 실제로 행함.
예 계획을 □□에 옮기다.

→ | | | | → | | 천 |

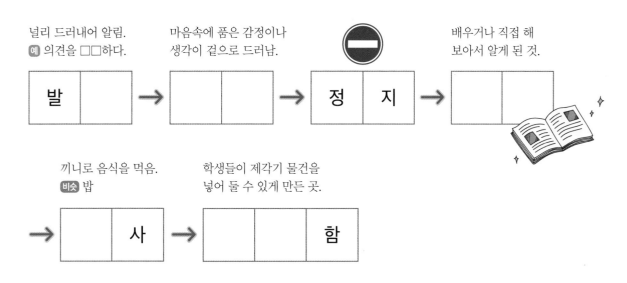

널리 드러내어 알림.
예 의견을 □□하다.

마음속에 품은 감정이나 생각이 겉으로 드러남.

배우거나 직접 해 보아서 알게 된 것.

| 발 | | → | | | → | 정 | 지 | → | | |

끼니로 음식을 먹음.
비슷 밥

학생들이 제각기 물건을 넣어 둘 수 있게 만든 곳.

→ | | 사 | → | | | 함 |

만나거나 헤어질 때에 예를 표함.

모임을 대표하는 사람.
예 학급 □□

어떤 일이 이루어지거나 일어나는 곳.
예 약속 □□

| | | → | 사 | 회 | → | | | → | | 소 |

주제

2

계절에 따라
다른 생활 모습

이번 주에 공부할 내용에 대한
주간 학습 계획을 세워 보세요.

	공부할 내용	교과 연계	공부한 날	스스로 평가
1장	우리나라의 사계절	봄 1-1 [2단원], 사회 3-2 [1단원]	월 일	☹ 😋 😊
2장	계절의 시작, 봄	봄 1-1 [2단원], 봄 2-1 [2단원]	월 일	☹ 😋 😊
3장	더운 여름	여름 1-1 [2단원], 여름 2-1 [2단원]	월 일	☹ 😋 😊
4장	높고 푸른 가을	가을 1-2 [2단원], 가을 2-2 [2단원]	월 일	☹ 😋 😊
5장	눈 내리는 겨울	겨울 1-2 [2단원], 겨울 2-2 [2단원]	월 일	☹ 😋 😊

우리나라의 사계절

 **매체 독해** 다음 그래프를 보고, 물음에 답해 봅시다.

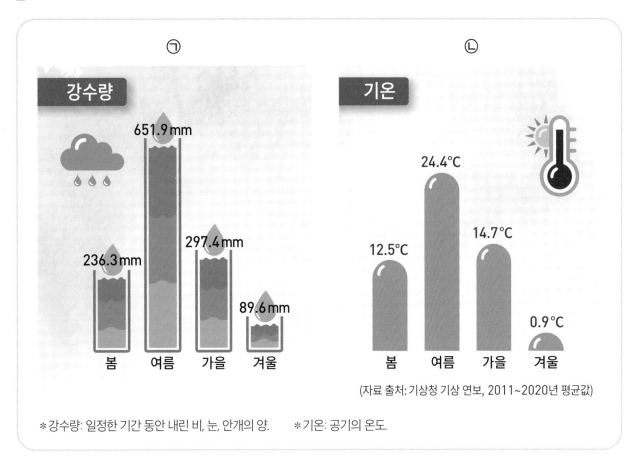

ⓐ

ⓑ

강수량

651.9 mm

297.4 mm

236.3 mm

89.6 mm

봄　여름　가을　겨울

기온

24.4°C

14.7°C

12.5°C

0.9°C

봄　여름　가을　겨울

(자료 출처: 기상청 기상 연보, 2011~2020년 평균값)

＊강수량: 일정한 기간 동안 내린 비, 눈, 안개의 양.　　＊기온: 공기의 온도.

1 다음과 같은 경우에 살펴보아야 할 자료는 ⓐ, ⓑ 중 어느 것인지 쓰세요.

> (1) 계절별로 우리나라에서 내린 비와 눈 등의 양을 알고 싶을 때

> (2) 계절별로 언제가 따뜻하고 언제가 추운지 알고 싶을 때

　　（　　　　　　　　　）　　　　　（　　　　　　　　　）

2 자료에서 알 수 있는 내용으로 옳은 것에는 ○표, 옳지 <u>않은</u> 것에는 ×표 하세요.

(1) 기온이 가장 낮은 계절은 겨울이다.　　　　　　　　　　　　　　（　　　）

(2) 가을에는 겨울보다 비가 적게 내린다.　　　　　　　　　　　　　（　　　）

(3) 우리나라에는 봄, 여름, 가을, 겨울이 있다.　　　　　　　　　　　（　　　）

(4) 기온이 가장 높은 계절이 비는 가장 적게 내린다.　　　　　　　　（　　　）

우리나라에는 봄, 여름, 가을, 겨울의 사계절이 있고, 계절에 따라 날씨가 달라집니다. 계절이 변화하는 까닭은 지구가 기울어진 채 일 년에 한 번씩 **❶태양** 주위를 돌고 있기 때문입니다. 태양의 높이에 따라 햇빛이 비치는 시간과 햇빛의 양이 달라져서, 태양과 가까워지는 여름에는 더워지고 태양과 멀어지는 겨울에는 추워집니다.

우리나라의 사계절은 각각 다른 색깔과 모습을 나타냅니다. 봄에는 꽝꽝 얼었던 땅이 녹고 푸릇푸릇한 새싹이 돋아납니다. 날씨가 대체로 따뜻하지만 갑자기 추워지는 **❷꽃샘추위**가 찾아오기도 하고, 중국의 사막에서 누런 모래가 날아오는 황사가 나타나기도 합니다. 여름은 햇볕이 쨍쨍 내리쬐고 **❸기온**이 쑥쑥 올라가서 무척 덥기 때문에 사람들은 더위를 피해 물놀이를 갑니다. 또 밤늦게까지 더위가 계속되는 **❹열대야**와 비가 많이 내리는 **❺장마**가 나타나기도 합니다.

가을에는 맑고 상쾌한 날씨가 이어집니다. 더위가 물러가고 시원한 바람이 부는 가을이 되면 나무에는 울긋불긋 예쁜 단풍이 물들어 갑니다. **❻곡식**이 익어 넓은 들판이 황금빛으로 변하는 때이기도 합니다. 겨울이 되면 차가운 바람이 불어와 날씨가 추워집니다. 새하얀 눈이 내리기도 하는데 그런 때에는 친구들과 눈싸움을 하고 눈썰매를 타며 신나게 놀 수 있습니다.

---

❶ **태양**: 태양계의 중심에 있는 큰 별로, 지구·화성·목성 등이 그 주위를 돌고 있음.
❷ **꽃샘추위**: 이른 봄, 꽃이 필 무렵의 추위.
❸ **기온**: 공기의 온도.
❹ **열대야**: 가장 낮은 기온이 25도(℃)가 넘는 매우 더운 밤.
❺ **장마**: 여러 날에 걸쳐 계속해서 비가 내리는 날씨.
❻ **곡식**: 사람이 먹는 쌀, 보리, 콩, 밀, 옥수수 같은 것을 이르는 말.

 계절이 변하는 까닭
지구가 기울어진 채 태양 주위를 돌기 때문에 똑같은 지역임에도 태양과 가까워지기도 하고 멀어지기도 하면서 계절의 변화가 나타나게 됩니다. 만약 지구가 기울어져 있지 않다면 태양이 비추는 햇빛의 양은 항상 같아서 계절의 변화가 나타나지 않게 됩니다.

1 이 글의 중심 낱말은 어느 것인가요? ( )

① 기온 ② 더위 ③ 지구

④ 태양 ⑤ 사계절

2 이 글의 내용과 <u>다른</u> 것은 어느 것인가요? ( )

① 우리나라는 사계절의 날씨가 모두 다르다.

② 지구는 일 년에 한 번씩 태양 주위를 돌고 있다.

③ 태양과 가까워지면 추워지고, 멀어지면 더워진다.

④ 태양의 높이에 따라 햇빛이 비치는 양이 달라진다.

⑤ 지구가 기울어진 채 태양 주위를 돌기 때문에 계절이 변한다.

3 봄의 특징은 어느 것인가요? ( )

① 날씨가 무척 덥다. ② 곡식이 익는 계절이다.

③ 물놀이를 가는 계절이다. ④ 찬바람이 불고 눈이 내린다.

⑤ 꽃샘추위와 황사가 나타난다.

4 다음 빈칸에 들어갈 알맞은 계절의 이름을 쓰세요.

( )에는 햇볕이 내리쬐어 기온이 높고, 열대야와 장마가 나타나기도 한다.

( )

5 '가을'과 '겨울'의 특징을 보여 주는 말을 보기 에서 찾아 쓰세요.

보기 단풍 추움 눈싸움 눈썰매 상쾌함

가을	겨울

1 다음 낱말의 뜻으로 알맞은 것을 선으로 이어 보세요.

장마	•		•	이른 봄, 꽃이 필 무렵의 추위.
열대야	•		•	여러 날에 걸쳐 계속해서 비가 내리는 날씨.
꽃샘추위	•		•	가장 낮은 기온이 25도가 넘는 매우 더운 밤.

2 다음 밑줄 친 말을 따라 쓰고, 이 말과 반대의 뜻을 가진 낱말을 보기 에서 찾아 쓰세요.

보기   같다   녹다   춥다

(1) 여름에는 날씨가 덥다.

덥 다 ↔ ☐ ☐

(2) 겨울이 되어 강물이 얼다.

얼 다 ↔ ☐ ☐

(3) 내 동생은 나와 성격이 다르다.

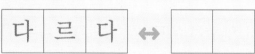

다 르 다 ↔ ☐ ☐

3 다음 빈칸에 들어갈 말의 뜻을 보고, 알맞은 낱말을 보기 에서 골라 쓰세요.

보기   쑥쑥   쨍쨍   펑펑

(1) 일찍 자고 일찍 일어났더니 키가 ☐ ☐ 자랐다.

└ 갑자기 많이 올라가거나 내려가는 모양.

(2) 햇볕이 ☐ ☐ 비치는 공원에서 매미가 울고 있었다.

└ 햇볕이 몹시 세게 비치는 모양.

2장 6일차 계절의 시작, 봄

 **매체 독해** 다음 일기 예보를 보고, 물음에 답해 봅시다.

오늘은 전국이 대체로 맑고 포근한 날씨를 보이면서 전국 곳곳의 공원마다 나들이를 나온 사람들로 붐볐습니다. 내일은 기온이 올라 오늘보다 더 따뜻하고 건조한 날씨가 나타나겠습니다. 다만 햇살이 따갑고, 중국에서 불어온 황사의 영향으로 공기 상태가 좋지 않을 것으로 예상되므로 유의하셔야겠습니다.

1 일기 예보에서 알 수 있는 봄의 특징이 <u>아닌</u> 것은 어느 것인가요? (   )

① 햇살이 따갑다.   ② 날씨가 포근하다.   ③ 황사가 불어온다.

④ 나들이객이 많다.   ⑤ 기온이 점점 내려간다.

2 내일 날씨에 잘 대비하여 준비한 사람의 이름을 모두 쓰세요.

> • 승은: 내일은 오늘보다 더 따뜻하니까 가벼운 옷차림을 해야겠어.
> • 태훈: 공기가 맑을 테니까 운동장에서 친구들이랑 축구를 실컷 해야지.
> • 현아: 햇빛이 강할 테니 밖에 나갈 때에는 선크림을 바르고 모자를 쓸 거야.

(   )

　　계절의 시작이라고 할 수 있는 봄이 되면 우리도 겨울 방학을 끝내고 학교에 갑니다. 푸른 새싹이 돋아나면 친구들과 벚꽃, 개나리, 진달래 등 예쁜 꽃들을 구경하러 봄 소풍을 가기도 합니다. 봄에는 낮과 밤의 기온 차이가 커서 감기에 걸리기 쉽고, ❶황사나 꽃가루 때문에 건강이 나빠질 수 있기 때문에 조심해야 합니다.

　　날씨가 따뜻해지는 봄이 되면 특히 바빠지는 사람들이 있습니다. 한 해의 농사를 시작하는 농부들입니다. 농부들은 농사를 짓는 데 필요한 ❷도구를 손질하고, 벼를 키우기 위해 좋은 볍씨를 골라내어 모내기를 합니다. 또 농사가 잘 되도록 땅을 갈아엎어 흙을 섞어 주고 ❸거름을 뿌려 줍니다. 농부들이 이렇게 정성 들여 농사를 지은 덕분에 우리는 쌀로 밥을 지어 먹고 다양한 ❹농작물을 얻을 수 있습니다.

　　특별히 정해진 때나 계절에 얻을 수 있는 ❺재료로 만든 음식을 제철 음식이라고 하는데, 이런 음식들은 다른 때에 만든 것보다 맛이 좋습니다. 봄에는 땅과 바다에서 맛있는 먹을거리를 얻을 수 있습니다. 달래, 냉이, 봄동 같은 나물, 도미나 주꾸미 같은 해산물, 빨간 딸기와 같은 과일을 먹을 수 있습니다. 봄에는 이렇게 맛있는 제철 음식으로 입맛을 찾고 생생한 봄의 기운을 느낄 수 있습니다.

----

❶ **황사**: 중국의 사막 지역에서 발생하여 우리나라로 불어오는 누런 흙먼지.
❷ **도구**: 일을 할 때에 쓰는 물건을 가리키는 말.
❸ **거름**: 짚, 똥 등을 썩혀서 만들어 식물이 잘 자라도록 흙에 뿌리는 것.
❹ **농작물**: 논과 밭에 심어 키우는 곡식이나 채소.
❺ **재료**: 음식이나 물건을 만드는 데에 들어가는 것.

 봄의 불청객, 황사
중국과 몽골의 사막 지대에서 발생한 모래가 강한 바람이 불 때 하늘로 떠올랐다가 바람을 타고 우리나라까지 날아와 떨어지는 것을 황사라고 합니다. 황사는 사람들의 건강을 해칠 뿐만 아니라 반도체 산업 같은 데에도 좋지 않은 영향을 끼칠 수 있습니다.

1 이 글의 중심 낱말은 어느 것인가요?　　　　　　　　　　　　　　（　　　　）

① 봄　　　　　　　　② 계절　　　　　　　　③ 날씨
④ 농부　　　　　　　⑤ 소풍

2 이 글의 내용과 맞는 것을 보기 에서 모두 골라 기호를 쓰세요.

> 보기　　㉠ 봄에는 한 해 농사를 마무리한다.
> 　　　　㉡ 봄에는 낮과 밤의 기온 차이가 작다.
> 　　　　㉢ 봄의 제철 음식으로 입맛을 찾을 수 있다.
> 　　　　㉣ 봄에는 예쁜 꽃들을 구경하러 소풍을 가기도 한다.

　　　　　　　　　　　　　　　　　　　　　　（　　　　　　　　）

3 봄에 건강을 지키는 법을 바르게 말한 사람의 이름을 모두 쓰세요.

> • 유정: 황사나 꽃가루 때문에 건강이 나빠질 수 있으니 조심해야 해.
> • 태빈: 낮과 밤의 기온 차이가 커서 감기에 걸리기 쉬우니 조심해야 해.
> • 서연: 추워서 집 안에 있는 시간이 많으니까 몸이 약해지지 않게 조심해야 해.

　　　　　　　　　　　　　　　　　　　　　　（　　　　　　　　）

4 농부들이 봄에 하는 일이 <u>아닌</u> 것은 어느 것인가요?　　　　（　　　　）

① 좋은 볍씨를 골라낸다.　　　　　② 땅에 거름을 뿌려 준다.
③ 땅을 갈아엎어 흙을 섞는다.　　　④ 다 자란 벼를 베어서 수확한다.
⑤ 농사를 짓는 데 필요한 도구를 손질한다.

5 봄에 먹을 수 있는 제철 음식을 모두 골라 ○표 하세요.

도미	바나나	수박	딸기	옥수수	냉이
（　　）	（　　）	（　　）	（　　）	（　　）	（　　）

1 다음의 뜻을 가진 낱말을 보기 에서 찾아 쓰세요.

> 보기   거름   도구   재료   농작물

(1) 논과 밭에 심어 키우는 곡식이나 채소.   (   )

(2) 일을 할 때에 쓰는 물건을 가리키는 말.   (   )

(3) 음식이나 물건을 만드는 데에 들어가는 것.   (   )

(4) 짚, 똥 등을 썩혀서 만들어 식물이 잘 자라도록 흙에 뿌리는 것. (   )

2 '나물', '농사'를 알려 줄 때 없어도 되는 낱말을 골라 ○표 하세요.

(1) 나물 —— 냉이   달래   도미   봄동

(2) 농사 —— 벼   볍씨   꽃가루   모내기

3 다음 밑줄 친 '밤'의 뜻이 그림과 같으면 ○표, 같지 않으면 ×표에 표시하세요.

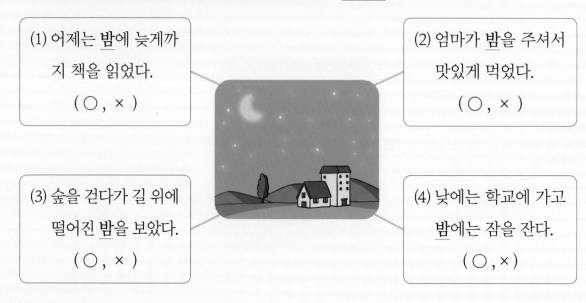

(1) 어제는 <u>밤</u>에 늦게까지 책을 읽었다.
(○ , ×)

(2) 엄마가 <u>밤</u>을 주셔서 맛있게 먹었다.
(○ , ×)

(3) 숲을 걷다가 길 위에 떨어진 <u>밤</u>을 보았다.
(○ , ×)

(4) 낮에는 학교에 가고 <u>밤</u>에는 잠을 잔다.
(○ , ×)

3장 더운 여름

 **매체 독해** 다음 포스터를 보고, 물음에 답해 봅시다.

1 위와 같은 포스터를 만든 까닭은 무엇인가요? ( )

① 물놀이하는 순서를 알려 주기 위해서

② 여러 가지 물놀이 방법을 소개하기 위해서

③ 물놀이할 때 필요한 준비물을 알려 주기 위해서

④ 물놀이 경험을 그림으로 그려서 보여 주기 위해서

⑤ 물놀이를 할 때 지켜야 할 안전 수칙을 알려 주기 위해서

2 포스터와 맞는 내용에는 ○표, 맞지 <u>않는</u> 내용에는 ×표 하세요.

(1) 오랫동안 물속에 있거나 깊은 곳에 들어가면 위험하다. ( )

(2) 구명조끼는 내 몸보다 큰 것을 입어야 물놀이할 때 더 편하다. ( )

(3) 물놀이 전에는 준비 운동을 하고, 물놀이 후에는 깨끗하게 씻는다. ( )

　여름은 아주 더운 계절입니다. 장마가 끝나면 기온이 30도(℃)가 넘게 올라가 무더운 날씨가 계속됩니다. 사람들은 더위를 이겨 내기 위해 얇은 옷이나 반팔 옷, 반바지를 꺼내 입고, 집 안에서는 선풍기나 에어컨을 켜고 생활하기도 합니다. 더위를 물리치기 위해 아이스크림, 빙수 같은 시원한 것을 먹고, 바다나 계곡으로 물놀이를 가기도 합니다.

　여름을 건강하게 보내기 위해서는 어떻게 해야 할까요? 뜨거운 햇볕을 많이 쬐거나 **❶야외** 활동을 오래 하면 피부에 병이 생기거나 땀을 많이 흘려 **❷체력**이 떨어질 수 있습니다. 따라서 더운 날에는 야외 활동을 줄이고 밖에 나가더라도 **❸자외선 차단제**를 바르고 모자를 써서 강한 햇볕을 막아 주어야 합니다. 또 아이스크림 같은 차가운 음식을 너무 많이 먹지 말고, 물을 충분히 마시는 **❹습관**을 가지는 것이 좋습니다.

　물놀이를 많이 하는 여름에는 **❺안전사고**가 나기 쉽습니다. 사고를 예방하기 위해서는 물놀이 **❻안전 수칙**을 잘 지켜야 합니다. 물놀이 전에는 반드시 준비 운동을 하고, 물에 들어갈 때에는 구명조끼를 입어야 합니다. 바다나 계곡에서 놀 때에는 갑자기 물이 깊어질 수 있으니 조심해야 합니다. 부모님이나 안전 요원이 있는 곳에서만 물놀이를 하고, 몸이 아프거나 이상한 느낌이 들면 바로 물 밖으로 나와야 합니다. 물놀이 후에는 깨끗이 씻고 물기를 잘 닦은 뒤 충분히 쉬어야 합니다.

----

❶ 야외: 집 밖, 시내에서 떨어져 있는 들판.
❷ 체력: 어떤 활동을 할 수 있는 몸의 힘.
❸ 자외선 차단제: 자외선으로부터 피부를 보호하고 햇볕에 그을리는 것을 막기 위해 바르는 것.
❹ 습관: 어떤 일을 오랫동안 반복하면서 저절로 익혀진 행동 방식.
❺ 안전사고: 안전에 대해 잘 모르거나 조심하지 않아서 일어나는 사고.
❻ 안전 수칙: 위험한 일이 생기지 않게 하기 위해 만든 규칙.

 우리 조상들의 더위 극복 방법
오랜 옛날 선풍기도 없고 에어컨도 없던 시절, 우리 조상들은 어떻게 무더위를 이겨 냈을까요? 우리 조상들은 통풍이 잘되는 삼베와 모시로 옷을 만들어 입어 더위를 피하고, 부채를 사용했습니다. 또 삼계탕과 같은 보양식을 먹어서 체력이 떨어지지 않게 했습니다.

1 다음 그림과 같은 생활 모습이 나타나는 계절을 쓰세요.

날씨가 더워서 얇은 옷을 입어요.

바다나 계곡으로 물놀이를 가요.

(   )

2 여름에 가져야 할 생활 습관으로 잘못된 것은 어느 것인가요? (   )

① 물을 충분히 마신다.
② 차가운 음식을 많이 먹는다.
③ 야외 활동을 많이 하지 않는다.
④ 모자를 써서 강한 햇볕을 막는다.
⑤ 밖에 나갈 때 자외선 차단제를 바른다.

3 다음 빈칸에 들어갈 알맞은 말을 보기 에서 찾아 각각 쓰세요.

보기	장마	황사	안전사고	안전 요원

(1) 여름에 (   )이/가 끝나면 무더운 날씨가 계속된다.
(2) 물놀이를 할 때에는 (   )이/가 나기 쉬우므로 조심해야 한다.

4 물놀이를 하면서 지켜야 하는 안전 수칙을 선으로 이어 보세요.

물놀이 전	•		•	준비 운동을 하고 구명조끼를 입는다.
물놀이할 때	•		•	안전 요원이 있는 곳에서 물놀이를 한다.
물놀이 후	•		•	깨끗이 씻고 물기를 잘 닦은 뒤 충분히 쉰다.

5 이 글의 내용과 맞는 것에는 ○표, 맞지 않는 것에는 ×표 하세요.

(1) 여름에는 선풍기나 에어컨을 켜지 않는 것이 좋다. (   )
(2) 계곡에서 놀 때에는 물이 갑자기 깊어질 수 있으니 조심해야 한다. (   )

1 다음 낱말의 뜻으로 알맞은 것을 선으로 이어 보세요.

안전사고 •

안전 수칙 •

자외선 차단제 •

• 위험한 일이 생기지 않게 하기 위해 만든 규칙.

• 안전에 대해 잘 모르거나 조심하지 않아서 일어나는 사고.

• 자외선으로부터 피부를 보호하고 햇볕에 그을리는 것을 막기 위해 바르는 것.

2 다음 낱말의 뜻을 보고, 문장에 들어갈 알맞은 낱말을 골라 〇표 하세요.

쪼다	뾰족한 끝으로 쳐서 찍다.
쬐다	볕이나 불기운 따위를 몸에 받다.

(1) 할아버지께서 공원 의자에 앉아 햇볕을 (쪼고 / 쬐고) 계신다.

(2) 공원에서 비둘기들이 모이를 (쪼며 / 쬐며) 이리저리 움직이고 있었다.

3 다음 그림에 어울리는 낱말을 보기 에서 찾아 쓰세요.

| 보기 | 뜨겁다 | 무덥다 | 차갑다 | 시원하다 |

(1)

(2)

4장 **높고 푸른 가을**

 매체 독해 다음 누리 소통망(SNS)을 보고, 물음에 답해 봅시다.

유진

♡

유진
어제 오후 07:32

오늘은 부모님, 동생과 함께 뒷산으로 단풍 구경을 갔다. 어느새 나무들이 알록달록 옷을 갈아입었다. 바람에 살랑살랑 흔들리던 은행잎이 떨어져서 나와 동생은 열심히 샛노란 잎을 주웠다. 나는 '집에 가면 책 사이에 끼워 두어야지.' 하고 생각하며 은행잎을 주머니에 넣었다.

하늘이 높고 맑아서 기분이 상쾌했다. 하지만 따뜻했던 날씨가 갑자기 쌀쌀해져서 벗어 두었던 겉옷을 입고, 집으로 서둘러 돌아왔다.

#가을 #단풍

1 이 글의 제목으로 어울리는 것은 어느 것인가요? (   )

① 은행잎　　　　　② 내 동생　　　　　③ 단풍 구경

④ 자연 보호　　　　⑤ 푸른 하늘

2 이 글에 나타난 가을의 특징으로 알맞지 <u>않은</u> 것은 어느 것인가요? (   )

① 하늘이 높고 맑다.

② 날씨가 갑자기 쌀쌀해진다.

③ 나무의 잎 색깔이 달라진다.

④ 단풍 사진을 담은 책을 판다.

⑤ 바람에 샛노란 은행잎이 떨어진다.

더운 여름이 물러가면 아침저녁으로 ❶선선해지면서 가을이 찾아옵니다. 보통 9월에서 11월까지를 가을이라고 합니다. 하늘이 맑고 푸른 가을이 되면 나무는 노랗고 붉게 물들고, 농부들은 황금빛 들판에서 곡식을 ❷수확합니다.

가을에는 맑은 날이 계속되고 비가 내리는 양이 줄어들어 날씨가 ❸건조해집니다. 하루 동안의 기온 차이가 커져서 아침과 저녁에는 춥고, 낮에는 따뜻합니다. 날씨가 추워지면서 사람들은 짧은 옷보다는 긴 옷을 많이 입고 가벼운 ❹외투를 걸치기도 합니다. 늦가을이 되면 낮의 길이가 짧아지고, 낮과 밤의 기온 차이인 일교차가 더욱 커집니다. 또 안개가 자주 끼고, 작은 얼음 알갱이인 ❺서리가 내리기도 합니다.

가을은 날씨가 맑고 ❻쾌청하여 사계절 중에서도 야외 활동을 하기에 가장 좋은 계절입니다. 살랑거리는 바람이 불면 기분까지 상쾌해져 많은 사람이 나들이를 갑니다. 울긋불긋 물든 단풍을 보러 산에 가기고 하고 들판에 핀 코스모스를 보러 놀러가거나, 공원을 산책하기도 합니다.

가을은 잘 익은 열매나 곡식을 거두어들이는 시기입니다. 황금빛으로 물든 가을 들판은 누렇게 익은 곡식으로 가득 차 있고, 농부들은 잘 익은 곡식을 수확합니다. 가을은 농부들이 한 해 동안 열심히 지은 농사를 알차게 마무리하는 풍성한 계절입니다.

----

❶ **선선하다**: 시원한 느낌이 들 정도로 꽤 차다.
❷ **수확하다**: 논밭에서 키운 곡식이나 채소를 거두어들이다.
❸ **건조하다**: 말라서 습기가 없다.
❹ **외투**: 추위를 막기 위해 겉옷 위에 입는 옷.
❺ **서리**: 날씨가 추워지면서 공기 속의 물기가 땅이나 풀, 나무 같은 물체에 달라붙어 생긴 작은 얼음.
❻ **쾌청하다**: 구름 한 점 없이 날씨가 맑고 상쾌하다.

 가을 날씨

가을이 되면 날씨가 서늘해지고 높고 푸른 하늘을 볼 수 있습니다. 울긋불긋 물든 단풍을 구경하러 사람들은 소풍을 가기도 하고 들판에서는 농작물을 수확합니다. 다만 아침과 저녁에는 쌀쌀하고 낮에는 따뜻하여 감기에 걸리기 쉬우므로 건강에 유의해야 합니다.

1 이 글의 중심 내용은 어느 것인가요? ( )

① 가을에 하는 농사일   ② 가을 날씨와 생활 모습

③ 단풍 구경 하기 좋은 곳   ④ 가을이 되면 달라지는 것

⑤ 가을을 건강하게 보내는 방법

2 가을 날씨의 특징으로 알맞지 <u>않은</u> 것은 어느 것인가요? ( )

① 하늘이 맑고 쾌청하다.

② 늦가을에는 안개가 자주 생긴다.

③ 늦가을이 되면 낮의 길이가 길어진다.

④ 아침과 저녁에는 춥지만 낮에는 따뜻하다.

⑤ 늦가을이 되면 낮과 밤의 기온 차이가 더욱 커진다.

3 가을철 옷차림에 대해 바르게 말한 사람의 이름을 쓰세요. ( )

- 지연 : 두꺼운 털옷을 입고 목도리를 두르지.
- 민수 : 반팔 옷과 반바지처럼 짧은 옷을 많이 입어.
- 다솜 : 긴팔 옷을 입고 가벼운 외투를 걸치기도 해.

4 가을과 관련된 말을 모두 골라 ○표 하세요.

| 단풍 | 새싹 | 수확 | 강추위 | 코스모스 |

5 다음 빈칸에 들어갈 알맞은 낱말을 쓰세요.

(1)

가을 산에 ( )이/
가 자욱히 끼었다.

(2)

갑자기 추워지더니 밤에
( )이/가 내렸다.

1 다음의 뜻을 가진 낱말을 보기 에서 찾아 쓰세요.

> 보기   건조하다   선선하다   수확하다   쾌청하다

(1) 말라서 습기가 없다.   (   )

(2) 시원한 느낌이 들 정도로 꽤 차다.   (   )

(3) 구름 한 점 없이 날씨가 맑고 상쾌하다.   (   )

(4) 논밭에서 키운 곡식이나 채소를 거두어들이다.   (   )

2 다음 낱말 카드와 어울리는 낱말을 보기 에서 골라 쓰세요.

> 보기   붉은빛   황금빛   얼룩덜룩   울긋불긋

(1) 가을 곡식

(2) 가을 단풍

3 다음 문장에서 '불다'가 어떤 뜻으로 사용되었는지 번호를 쓰세요.

불다 — ① 바람이 일어나서 어느 방향으로 움직이다.
       ② 입술을 좁게 오므리고 그 사이로 소리를 내다.

(1) 바다에서 시원한 바람이 불다.   (   )

(2) 삼촌이 강아지 집을 만들며 휘파람을 불다.   (   )

눈 내리는 겨울

매체 독해 다음 다큐멘터리를 보고, 물음에 답해 봅시다.

자연 다큐멘터리

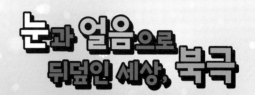

눈과 얼음으로 뒤덮인 세상, 북극

전 세계에서 가장 큰 섬나라 그린란드. 북극의 땅 그린란드는 일 년 내내 기온이 0도(℃)를 넘지 않기 때문에 사방이 눈과 얼음으로 뒤덮여 있습니다. 우리가 알고 있는 얼어붙은 바다, 쌓여 있는 빙하, 이누이트의 이글루 등이 바로 이곳 북극의 모습입니다.

얼어붙은 땅 위를 개썰매를 타고 8시간을 달려 북극곰을 만나러 왔습니다. 한참을 기다리다 눈앞에서 북극곰을 발견한 우리는 발걸음을 멈추고 긴장하였습니다. 어미 곰과 두 마리의 새끼 곰이 나타났습니다. 겨울철 새끼를 데리고 있는 어미 곰은 매우 난폭해서 조심해야 합니다.

1 북극에서 볼 수 있는 풍경이 <u>아닌</u> 것은 어느 것인가요? ( )

① 북극곰 가족　　　　② 얼어붙은 바다　　　　③ 쌓여 있는 빙하

④ 이누이트의 이글루　　⑤ 얼음 위를 달리는 기차

2 다음 빈칸에 들어갈 알맞은 말을 위의 글에서 찾아 각각 쓰세요.

> • 전 세계에서 가장 큰 섬나라 (　　　　　　)은/는 북극에 있다.
> • (　　　　　　)은/는 북극에 살고 있으며, 겨울철 새끼를 데리고 있는 어미는
> 난폭해서 조심해야 한다.

겨울이 되면 기온이 낮아져서 아주 추워집니다. 차가운 바람이 불고, 눈이 내려서 온 세상이 하얗게 변하기도 합니다. 겨울에는 기온이 0도(℃) 아래로 내려가는 날이 많아 곳곳에서 물이 꽁꽁 언 것을 볼 수 있습니다.

눈이 내리면 온 세상이 하얘집니다. 하늘에서 눈이 내리는 까닭을 알고 있나요? 눈은 구름을 이루는 물방울들이 모여서 만들어집니다. 물방울들은 기온이 0도(℃) 아래로 낮아지면 얼어붙어서 얼음 ^❶알갱이로 변하게 됩니다. 이 얼음 알갱이가 점점 커져서 땅으로 떨어지게 되는데, 이것이 바로 눈입니다.

눈의 종류에는 함박눈, 가루눈, 싸라기눈 등이 있습니다. 함박눈은 날씨가 비교적 ^❷포근할 때 내리는데 물기가 많아서 눈송이가 잘 뭉쳐지기 때문에 눈사람을 만들거나 눈싸움을 하기에 좋습니다. 가루눈은 바람이 세게 불고 추운 날에 내리는 눈으로 열심히 뭉치려고 해도 잘 뭉쳐지지 않습니다. 싸라기눈은 빗방울이 갑자기 찬 바람을 만나 얼음 알갱이 형태로 내리는 눈입니다.

눈 내리는 추운 겨울, 우리 조상들은 어떻게 생활했을까요? 옛날 사람들은 오늘날의 털 ^❸부츠와 비슷한 '둥구니신'을 신었습니다. 둥구니신은 ^❹짚으로 만든 ^❺장화 모양의 신발로, 눈길에 미끄러지는 것을 막아 주었습니다. 눈이 특히 많이 내리는 지역에서는 '설피'를 이용하였습니다. 설피는 나무와 짚으로 만든 넓적한 ^❻덧신으로 신발 위에 신어 발이 눈밭에 빠지는 것을 막아 주었습니다.

----

❶ **알갱이**: 작고 단단하고 동그랗게 뭉쳐진 것.
❷ **포근하다**: 겨울 날씨가 찬 기운이 없이 따뜻하다.
❸ **부츠**: 목이 긴 구두.
❹ **짚**: 벼, 보리, 밀 따위에서 열매가 열리는 윗부분을 떨어낸 줄기와 잎.
❺ **장화**: 발목이 닿는 부분이 길게 올라오는 신.
❻ **덧신**: 양말이나 신발 위에 겹쳐 신는 신.

 눈과 겨울철 생활 모습
겨울이 되면 우리나라에는 눈이 내리고, 강원도와 같이 산이 많은 지역에서는 특히나 더 많은 눈이 내립니다. 강원도와 울릉도에 살던 사람들은 '설피'라는 덧신을 만들어 신었고, 물건을 옮기기 위해 썰매와 비슷한 도구인 '발구'를 만들어 이용하였습니다.

1 이 글의 중심 낱말은 어느 것인가요?　　　　　　　　　　　　　(　　　)

① 눈　　　　② 비　　　　③ 얼음　　　　④ 장화　　　　⑤ 눈싸움

2 이 글을 통해 알 수 있는 내용으로 알맞지 <u>않은</u> 것은 어느 것인가요?　　(　　　)

① 겨울에는 눈이 내린다.　　　　　　② 겨울은 기온이 낮은 계절이다.

③ 가루눈은 눈송이가 잘 뭉쳐진다.　　④ 겨울에는 눈과 얼음을 쉽게 볼 수 있다.

⑤ 옛날에는 눈이 많이 올 때 신는 특별한 신이 있었다.

3 눈이 어떻게 내리게 되는지 순서에 맞게 번호를 쓰세요.

- 물방울이 변한 얼음 알갱이가 점점 커진다.　　　　　　　　(　　　)
- 무거워진 얼음 알갱이가 눈이 되어 땅으로 떨어진다.　　　　(　　　)
- 구름을 이루는 물방울이 얼어붙어 얼음 알갱이로 변한다.　　(　　　)

4 다음 빈칸에 들어갈 낱말을 글에서 찾아 넣어 표를 완성하세요.

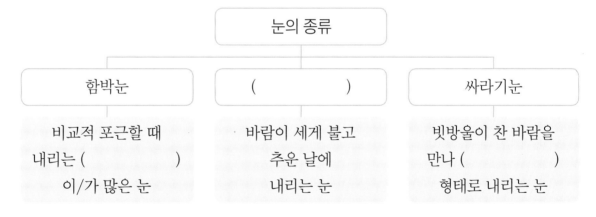

눈의 종류

함박눈	(　　　)	싸라기눈
비교적 포근할 때 내리는 (　　　) 이/가 많은 눈	바람이 세게 불고 추운 날에 내리는 눈	빗방울이 찬 바람을 만나 (　　　) 형태로 내리는 눈

5 사진과 설명을 보고, 내용에 맞는 신발의 이름을 쓰세요.

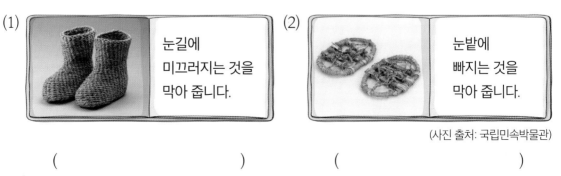

(1) 눈길에 미끄러지는 것을 막아 줍니다.

(2) 눈밭에 빠지는 것을 막아 줍니다.

(사진 출처: 국립민속박물관)

(　　　)　　　　　　　　(　　　)

1 다음 낱말의 뜻으로 알맞은 것을 선으로 이어 보세요.

덧신	•		•	목이 긴 구두.
부츠	•		•	양말이나 신발 위에 겹쳐 신는 신.
장화	•		•	발목이 닿는 부분이 길게 올라오는 신.

2 다음 밑줄 친 '눈길'이 그림 ①의 뜻이면 ①, 그림 ②의 뜻이면 ②라고 쓰세요.

(1) 놀이터에서 친구와 눈길이 마주쳤다.　　　　　　　　　　　　(　　　　)

(2) 어젯밤에 눈이 내려서 새하얀 눈길이 생겼다.　　　　　　　　(　　　　)

(3) 동생은 물을 엎지르고 나서 엄마의 눈길을 피했다.　　　　　(　　　　)

(4) 아무도 밟지 않은 눈길을 처음 걸으니까 기분이 좋았다.　　(　　　　)

3 다음 빈칸에 들어갈 말의 뜻을 보고, 알맞은 낱말을 보기 에서 찾아 쓰세요.

| 보기 | 꽁꽁 | 쌩쌩 | 훨훨 |

(1) 바다에서 바람이 [　　|　　] 불어 왔다.
　　└ 바람에 세게 지나가는 소리나 모양.

(2) 커다란 새가 하늘 높이 [　　|　　] 날아간다.
　　└ 날짐승 따위가 높이 떠서 느릿느릿 날개를 치며 매우 시원스럽게 나는 모양.

(3) 강물이 [　　|　　] 얼어서 스케이트장이 되었다.
　　└ 매우 단단히 얼어 있는 모양.

낱말판의 가로, 세로에 숨어 있는 용어를 찾아 쓰며,
주제2에서 공부한 용어의 뜻을 다시 한번 떠올려 봐요.

제	철	음	식	중	독	기
열	꽃	샘	추	위	이	온
대	구	안	전	수	칙	대
야	경	전	장	화	장	마
호	소	사	단	식	미	음
황	부	고	풍	설	피	먼
사	츠	구	일	교	차	지

힌트

❶ 이름 봄, 날씨가 대체로 따뜻하지만 갑자기 추워지는 것. ......

❷ 정해진 때나 계절에 얻을 수 있는 재료로 만든 음식. ......

❸ 중국의 사막에서 누런 모래가 날아오는 현상. ......

❹ 여러 날에 걸쳐 계속해서 비가 내리는 날씨. ......

❺ 안전에 대해 잘 모르거나 조심하지 않아서 일어나는 사고. ......

❻ 낮과 밤의 기온 차이. **예** 가을에는 □□□가 크다. ......

❼ 나무와 짚으로 만든 넓적한 덧신으로 눈밭에 빠지는 것을 막아줌. ......

이번 주에 공부할 내용에 대한
주간 학습 계획을 세워 보세요.

	공부할 내용	교과 연계	공부한 날	스스로 평가
1장	한집에 살면 모두 가족인가요	여름 1-1 [1단원], 여름 2-1 [1단원]	월 일	😨 😛 😘
2장	옛날과 오늘날의 가족 형태	여름 1-1 [1단원], 사회 3-2 [3단원]	월 일	😨 😛 😘
3장	뭐라고 불러야 하나요	여름 1-1 [1단원]	월 일	😨 😛 😘
4장	우리 가족의 행사	여름 1-1 [1단원]	월 일	😨 😛 😘
5장	행복한 가족을 만들어요	여름 1-1 [1단원], 여름 2-1 [1단원]	월 일	😨 😛 😘

1장 한집에 살면 모두 가족인가요

정답 확인

하루한장 앱에서 학습 인증하고 하루템을 모으세요!

매체 독해 다음 신문 기사를 읽고, 물음에 답해 봅시다.

□□□뉴스   뉴스 홈 | 세계 | 정치 | **사회** | 경제 | 과학 | 스포츠

5월에는 어떤 기념일이 있을까
가정의 달 특집

가정의 달 5월은 가족의 의미를 되새기고 가족에게 감사하는 마음을 전하는 달입니다. 오늘은 가정의 달에 있는 다양한 기념일을 살펴보겠습니다.

어린이날 5월 5일
어린이들이 올바르고 씩씩하게 자라날 수 있는 환경을 만들고, 어린이를 소중히 여기기 위해 만든 기념일로, 방정환 선생님이 처음 만들었습니다.

어버이날 5월 8일
어버이(아버지와 어머니)의 은혜에 감사하고 웃어른을 공경하는 마음을 갖기 위해 만든 날입니다.

부부의 날 5월 21일
부부의 소중함을 일깨우고 화목한 가정을 만들어 가자는 뜻으로 만든 날입니다. 5월 21일에는 "5월에 둘(2)이 하나(1)가 된다."라는 뜻이 담겨 있습니다.

---

1 신문 기사에서 소개하고 있는 5월의 기념일을 모두 골라 ○표 하세요.

스승의 날   어린이날   어버이날   크리스마스   부부의 날

2 신문 기사를 보고 알 수 있는 내용이 <u>아닌</u> 것은 어느 것인가요?   (   )

① 어린이날은 방정환 선생님이 처음 만들었다.

② 부부의 날은 5월에 있는 기념일 중 가장 늦게 만들어졌다.

③ 5월 5일은 어린이날, 5월 8일은 어버이날, 5월 21일은 부부의 날이다.

④ 어버이날은 아버지와 어머니의 은혜에 감사하는 마음을 갖는 날이다.

⑤ 5월은 가족의 의미를 되새기고 가족에게 감사하는 마음을 전하는 달이다.

여러분은 가족이 무엇이라고 생각하나요? 우리는 태어나면 가장 먼저 가족을 만나게 됩니다. 가족은 사람들이 맺는 모든 ❶관계의 시작으로, 우리가 건강하고 바르게 자라나는 데 아주 중요한 ❷역할을 합니다. 가족은 남편과 아내, 부모와 자식, 형제자매와 같이 결혼이나 같은 핏줄로 이어진 사람들을 말합니다. 핏줄이 이어지지 않았더라도 ❸입양을 통해 가족이 되기도 합니다.

가족의 모습은 다양합니다. 아버지, 어머니, 자녀가 함께 사는 가족도 있지만 그렇지 않은 경우도 있습니다. 부모 없이 할머니, 할아버지와 함께 사는 가족도 있고, 아버지와 어머니 중 한 명만 자녀와 함께 사는 가족, 외국인과 한국인이 결혼하여 함께 사는 가족 등 여러 가지 형태의 가족이 있습니다. 가족의 모습은 다 달라도, 모든 가족은 가족끼리 서로 사랑하고 아껴 준다는 ❹공통점을 가지고 있습니다.

가족은 여러 가지 ❺기능을 합니다. 아이를 낳아 기르고 교육을 시킵니다. 쉬는 날에는 다 함께 놀이를 하거나 ❻휴식을 취하기도 합니다. 또 가족은 일을 해서 돈을 벌어 함께 생활하고, 기쁨과 슬픔을 함께 나누면서 살아갑니다. 가족은 살아가는 데 힘이 되는 중요한 사람들이므로 그 소중함을 잊지 말아야 합니다.

---

❶ **관계**: 둘 이상의 사람이나 물건들이 서로 연결되어 이어져 있는 것.
❷ **역할**: 자기가 해야 할 맡겨진 일.
❸ **입양**: 원래는 아니었지만 나중에 법에 따라서 부모와 자녀 사이가 되는 것.
❹ **공통점**: 둘 또는 여럿 사이에서 비슷하거나 같은 점.
❺ **기능**: 어떤 구실이나 작용을 함.
❻ **휴식**: 하던 일을 멈추고 잠깐 쉼.

---

1 **가족에 대한 설명으로 알맞지 않은 것은 어느 것인가요?** (   )

① 가족은 서로 사랑하고 아껴 준다.
② 가족의 모습은 다양하게 나타난다.
③ 가족은 결혼이나 입양을 통해 만들어진다.
④ 가족이 되려면 꼭 같은 핏줄로 이어져야 한다.
⑤ 가족은 모든 관계의 시작으로 중요한 역할을 한다.

2 이 글에서 알 수 <u>없는</u> 내용은 어느 것인가요? ( )

① 가족의 뜻　　　　　　② 가족의 기능　　　　　　③ 가족의 소중함

④ 중요한 가족 행사　　　⑤ 가족의 다양한 모습

3 이 글의 내용을 바르게 이해한 사람의 이름을 쓰세요.

> • 유정: 가족이라도 한집에 살지 않는 경우도 있어.
> • 윤석: 외국인과 함께 산다면 가족이라고 볼 수 없어.
> • 우진: 가족이 되려면 어머니와 아버지, 자녀는 꼭 있어야 해.

( )

4 가족의 모습을 그린 그림을 모두 골라 ○표 하세요.

( )　　　　　（ ）　　　　　（ ）　　　　　（ ）

5 이 글에서 설명한 가족의 기능을 [보기] 에서 모두 골라 기호를 쓰세요.

> [보기]　㉠ 아이를 낳아 기르고 교육시킨다.
> 　　　　㉡ 함께 놀이를 하거나 휴식을 취한다.
> 　　　　㉢ 돈을 벌어서 어려운 사람을 도와준다.
> 　　　　㉣ 가족에게 필요한 물건을 직접 만든다.

( )

다양한 가족

우리 주변에는 부모와 자녀로 이루어진 가족 외에도 국제결혼이나 입양으로 이루어진 가족, 한 부모와 자녀로 이루어진 가족 등 다양한 형태의 가족이 있습니다. 사회 변화와 함께 다양해지고 있는 여러 가족의 모습을 이해하려는 노력이 필요합니다.

1 다음 낱말의 뜻으로 알맞은 것을 선으로 이어 보세요.

관계 •

역할 •

입양 •

• 자기가 해야 할 맡겨진 일.

• 둘 이상의 사람이나 물건들이 서로 연결되어 이어져 있는 것.

• 원래는 아니었지만 나중에 법에 따라서 부모와 자녀 사이가 되는 것.

2 다음 밑줄 친 낱말과 반대의 뜻을 가진 낱말을 보기 에서 찾아 쓰세요.

보기   공통점   똑같다   아프다

(1) 내 모자는 너의 것과 다르다. ↔

(2) 언니랑 나는 쌍둥이지만 차이점이 많다. ↔

(3) 나는 약을 먹고 병이 나아서 이제 건강하다. ↔

3 다음 낱말의 뜻을 보고, 문장에 들어갈 알맞은 낱말을 골라 ○표 하세요.

(1)
| 벌다 | 일을 하여 돈 따위를 얻거나 모으다. |
| 빌다 | 바라는 바를 이루게 하여 달라고 신이나 사람, 사물 따위에 간청하다. |

나와 동생이 부모님 심부름을 해서 용돈을 (벌다 / 빌다).
나와 동생이 밤하늘에 빛나는 달을 보며 소원을 (벌다 / 빌다).

(2)
| 맞다 | 어떤 좋지 아니한 일을 당하다. |
| 맡다 | 어떤 일에 대한 책임을 지고 담당하다. |

동생 대신 내가 심부름 가는 일을 (맞다 / 맡다).
동생이랑 놀다가 물을 엎질러서 엄마에게 야단을 (맞다 / 맡다).

2장  옛날과 오늘날의 가족 형태

정답 확인

하루한장 앱에서
학습 인증하고
하루템을 모으세요!

매체 독해 다음 글을 읽고, 물음에 답해 봅시다.

선생님

오늘은 확대 가족과 핵가족에 대해 알아봤어요. 확대 가족은 결혼한 자녀와 부모가 함께 사는 가족이고, 핵가족은 결혼하지 않은 자녀와 부모가 함께 사는 가족이라고 했습니다.

영화나 만화, 이야기책에 나왔던 가족들을 떠올려 보고, 확대 가족과 핵가족을 구분하여 댓글로 달아 주세요.

댓글 달기 | 공유하기 | 좋아요 | ♥3

↳ **하루** | 20○○년 10월 ○○일
만화 <안녕, 자두야>에서 자두네 가족은 부모님, 자두와 동생들이 함께 사는 확대 가족이에요.

↳ **서아** | 20○○년 10월 ○○일
영화 <코코>에 나오는 가족은 할머니와 부모님, 주인공이 함께 사는 확대 가족이에요.

↳ **미래** | 20○○년 10월 ○○일
옛이야기《심청전》의 주인공인 심청이는 아버지와 단둘이 살았으니까 핵가족이에요.

↳ **시은** | 20○○년 10월 ○○일
만화 <검정고무신>에서 기영이네 아버지는 결혼 후에도 부모님과 함께 살고 있어요. 그러니까 핵가족이에요.

---

1 다음은 선생님의 말씀을 듣고 정리한 내용입니다. 빈칸에 들어갈 알맞은 말을 쓰세요.

> 가족의 구분
> * (   ): 결혼한 자녀와 부모가 함께 사는 가족
> * (   ): 결혼하지 않은 자녀와 부모가 함께 사는 가족

2 올바른 내용으로 댓글 달기 활동을 한 사람의 이름을 모두 쓰세요.

(   )

주제3. 소중한 우리 가족 **53**

가족의 형태는 함께 사는 사람이 누구인가에 따라서 핵가족과 확대 가족으로 나눌 수 있습니다. 핵가족은 결혼하지 않은 자녀와 부모로 이루어진 가족이고, 확대 가족은 자녀가 결혼한 후에도 부모와 함께 사는 가족을 말합니다. 옛날에는 확대 가족이 핵가족보다 많았지만 오늘날에는 핵가족이 훨씬 더 많아졌습니다.

옛날에는 대부분의 사람들이 농사를 지으며 살았습니다. 농사를 지으려면 일손이 많이 필요하기 때문에 일할 사람이 많으면 많을수록 좋았습니다. 그래서 자녀가 결혼한 후에도 따로 살지 않고 부모와 함께 살면서 농사를 짓는 경우가 많았습니다. 이러한 확대 가족은 우리나라의 전통적인 가족 형태로, 할아버지와 할머니가 아이를 돌봐 줄 수 있고, 아이들이 어른과 함께 살면서 자연스럽게 삶의 ❶지혜와 예절을 배울 수 있다는 장점이 있습니다.

오늘날에는 ❷산업이 발달하면서 농사를 짓는 사람들이 줄어들었고, 도시가 생겨나면서 새로운 일자리를 찾아 도시로 이동하는 사람들이 늘어났습니다. 가족과 떨어져 살게 되는 경우가 많아졌고 그에 따라 점차 핵가족이 많아졌습니다. 핵가족은 가족들이 모두 비슷한 ❸권리와 ❹책임을 가지고 있으며, 각자의 ❺의견이 쉽게 무시되지 않는다는 장점이 있습니다.

---

❶ **지혜**: 생활의 이치를 빨리 깨닫고 이해하여 잘 처리하는 능력.
❷ **산업**: 공장을 지어 물건을 만들거나 사람들에게 필요한 것을 해 주는 일.
❸ **권리**: 어떤 일을 하거나 요구할 수 있는 힘.
❹ **책임**: 맡아서 해야 할 일.
❺ **의견**: 어떤 일이나 물건에 대하여 가지는 생각.

 조부모님에게 사랑과 지혜를 배워요
옛날이나 지금이나 일을 하러 나가신 부모님을 대신하여 할아버지와 할머니가 손자, 손녀를 돌봐 주시는 경우가 많습니다. 조부모님의 사랑과 격려는 손자, 손녀의 인성 발달과 사회성 성장에 도움이 된다고 알려져 있습니다.

1 다음 빈칸을 채워 가족의 형태가 어떻게 변화했는지 정리하세요.

옛날에는 ☐☐ ☐☐ 이, 오늘날에는 ☐☐☐ 이 더 많다.

2 이 글에서 알 수 <u>없는</u> 내용은 어느 것인가요? ( )

① 가족의 조건 ② 가족의 형태

③ 농사와 가족 형태의 관계 ④ 가족 형태가 변화한 까닭

⑤ 산업의 발달이 가족 형태에 미친 영향

3 확대 가족에 대한 설명으로 알맞지 <u>않은</u> 것은 어느 것인가요? ( )

① 할머니와 할아버지, 부모님, 자녀가 함께 산다.

② 산업이 발달하면서 확대 가족은 많이 줄어들었다.

③ 확대 가족은 우리나라의 전통적인 가족 형태이다.

④ 확대 가족에서는 가족 각자의 의견이 가장 중요하다.

⑤ 확대 가족은 농사를 많이 짓는 사회에서 발달한 가족 형태이다.

4 핵가족에 대해 바르게 말한 사람의 이름을 모두 쓰세요. ( )

- 지우: 부모와 결혼하지 않은 자녀로 이루어진 가족이야.
- 성민: 핵가족은 가족들이 모두 비슷한 권리를 가지고 있어.
- 다연: 도시로 이동하는 사람이 늘면서 핵가족은 줄어들었어.

5 핵가족, 확대 가족의 특징을 두 개씩 찾아 선으로 이어 보세요.

핵가족 •

확대 가족 •

- 가족들이 모두 비슷한 책임을 진다.
- 할아버지와 할머니가 아이를 돌봐 줄 수 있다.
- 어른들에게 삶의 지혜와 예절을 배울 수 있다.
- 가족 각자의 의견을 잘 들어주고 잘 받아들인다.

1 다음 빈칸에 들어갈 말의 뜻을 보고, 알맞은 낱말을 보기 에서 찾아 쓰세요.

> 보기   권리   의견   책임

(1) 어른에게는 아이들을 잘 돌보아야 할 ☐☐이/가 있다.
       └ 맡아서 해야 할 일.

(2) 사람에게는 자신의 생각을 말할 수 있는 ☐☐이/가 있다.
         └ 어떤 일을 하거나 요구할 수 있는 힘.

(3) 친구가 나와 다른 ☐☐을/를 말해도 잘 들을 줄 알아야 한다.
   └ 어떤 일이나 물건에 대하여 가지는 생각.

2 다음 낱말과 반대의 뜻을 가진 낱말을 보기 에서 찾아 쓰세요.

> 보기   도시   옛날   장점

(1) ☐   (2) 시골   (3) ☐
    ↕   ↕   ↕
   미래   ☐   단점

3 다음 문장에서 '나누다'가 어떤 뜻으로 사용되었는지 번호를 쓰세요.

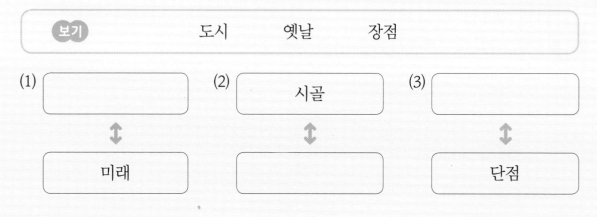

나누다   ① 하나를 둘 이상으로 가르다.
           ② 여러 가지가 섞인 것을 기준에 따라 종류별로 가르다.

(1) 피자를 네 조각으로 나누어 먹었다.   (   )

(2) 탈것은 움직이는 장소에 따라 비행기, 자동차, 배로 나눌 수 있다.   (   )

뭐라고 불러야 하나요

 **매체 독해** 다음 인터넷 검색 결과를 보고, 물음에 답해 봅시다.

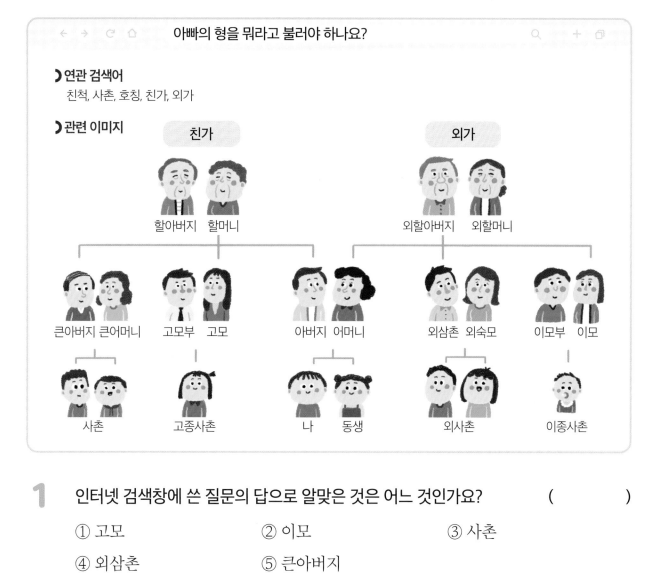

아빠의 형을 뭐라고 불러야 하나요?

❱**연관 검색어**
　친척, 사촌, 호칭, 친가, 외가

❱**관련 이미지**

친가 / 외가

할아버지　할머니　　외할아버지　외할머니

큰아버지　큰어머니　고모부　고모　아버지　어머니　외삼촌　외숙모　이모부　이모

사촌　고종사촌　나　동생　외사촌　이종사촌

1 인터넷 검색창에 쓴 질문의 답으로 알맞은 것은 어느 것인가요?　　（　　　　）

① 고모　　　　　② 이모　　　　　③ 사촌

④ 외삼촌　　　　⑤ 큰아버지

2 친가 쪽 호칭에는 ○표, 외가 쪽 호칭에는 △표 하세요.

할아버지	외할아버지	이모	고모	이종사촌
큰아버지	고모부	외숙모	외삼촌	고종사촌

　　설날, 추석과 같은 ❶명절이나 가족의 행사가 있는 날에는 멀리 떨어져 살던 할아버지, 할머니, 삼촌, 이모, 큰아버지, 사촌 등 반가운 친척을 만나게 됩니다. '친척'이란 아버지와 어머니의 가족을 뜻하는 말로, 우리와도 가까운 사이입니다. 친척을 부르는 ❷호칭은 친척 사이의 거리인 '❸촌수'에 따라 달라집니다. 호칭은 친척 사이의 예의를 지키는 데 중요하기 때문에, 불러야 하는 사람과 상황에 맞게 잘 알아 두어야 합니다.

　　아버지 쪽의 ❹집안은 '친가'라고 합니다. 아버지의 부모님은 '할머니', '할아버지'라고 부릅니다. 아버지의 남자 형제는 '삼촌', 여자 형제는 '고모'라고 부릅니다. 아버지의 남자 형제인 삼촌이 결혼하면 호칭이 바뀌게 됩니다. 아버지보다 나이가 많은 형제라면 '큰아버지', 아버지보다 나이가 적은 형제라면 '작은아버지'라고 부릅니다. 고모는 결혼을 했든 안 했든 똑같이 부르고, 고모의 남편은 '고모부'라고 부릅니다. 아버지 ❺형제자매의 자녀들은 나와 사촌이 됩니다.

　　어머니 쪽의 집안은 '외가'라고 합니다. 어머니의 부모님은 '외할머니', '외할아버지'라고 부릅니다. 어머니의 남자 형제는 '외삼촌', 여자 형제는 '이모'라고 부릅니다. 외삼촌이 결혼하면 외삼촌의 아내는 '외숙모'라고 하고, 이모가 결혼하면 이모의 남편은 '이모부'라고 부릅니다. 어머니 형제자매의 자녀들도 나와 사촌이 됩니다.

---

❶ **명절**: 설이나 추석처럼 해마다 때를 정해서 지켜 즐기거나 기념하는 날.
❷ **호칭**: 서로 부르는 이름.
❸ **촌수**: 친척 사이의 멀고 가까운 거리를 나타내는 수.
❹ **집안**: 가족을 이루어 살림을 꾸려 나가는 사람들.
❺ **형제자매**: 남자 형제와 여자 형제를 함께 부르는 말. 형제는 형과 남동생, 자매는 언니와 여동생을 말함.

 달라진 호칭
아버지의 아버지는 '할아버지'로, 어머니의 아버지는 '외할아버지'로 부르는 호칭은 전통적인 가족 관계를 중심으로 만들어진 호칭입니다. 오늘날에는 가족 형태가 변화하고 가족 간의 관계가 수평적으로 변하면서 '할아버지', '외할아버지' 대신 '동천동 할아버지', '서울 할아버지'처럼 사는 곳을 붙이기도 합니다.

1 이 글의 중심 내용은 어느 것인가요? ( )

① 가족 행사 　　　　② 촌수 계산법 　　　　③ 친척의 호칭

④ 친척의 중요성 　　　⑤ 가족과 친척의 차이점

2 이 글의 내용을 바르게 이해한 사람의 이름을 모두 쓰세요.

> • 누리: 친척을 부르는 호칭을 뜻하는 말은 '촌수'야.
> • 서연: '친가'는 아버지 쪽의 집안을 부르는 말이야.
> • 민수: 어머니와 아버지의 가족을 모두 뜻하는 말이 '친척'이야.

( )

3 부모님의 형제자매를 어떻게 불러야 할지 선으로 이어 보세요.

아버지의 여자 형제	•		•	이모
아버지의 남자 형제	•		•	고모
어머니의 여자 형제	•		•	삼촌
어머니의 남자 형제	•		•	외삼촌

4 친척에 대한 설명으로 옳은 것에는 ○표, 옳지 <u>않은</u> 것에는 ×표 하세요.

(1) 친척은 우리 가족과 가까운 사람들이다. ( )

(2) 친척의 호칭은 친척이 결혼해도 바뀌지 않는다. ( )

(3) 친척 간의 예의를 지키기 위해 호칭을 바르게 써야 한다. ( )

5 다음 빈칸에 넣을 수 있는 호칭을 모두 찾아 색칠하세요.

> 외할머니 댁에 가서 외가 쪽 친척인 ( )을/를 만났다.

외삼촌	고모부	이모	삼촌	외숙모

1 다음의 뜻을 가진 낱말을 보기 에서 찾아 쓰세요.

보기	집안	촌수	호칭

(1) 서로 부르는 이름. ( )

(2) 가족을 이루어 살림을 꾸려 나가는 사람들. ( )

(3) 친척 사이의 멀고 가까운 거리를 나타내는 수. ( )

2 다음 중 다른 낱말을 포함하는 낱말을 골라 ○표 하세요.

(1)

사촌	친척	외숙모	큰아버지	할아버지

(2)

고모	삼촌	친가	할머니	작은아버지

3 다음 빈칸에 들어갈 비슷한 뜻을 지닌 낱말을 보기 에서 한 쌍씩 찾아 쓰세요.

보기	부인-아내	나이-연세	결혼-혼인

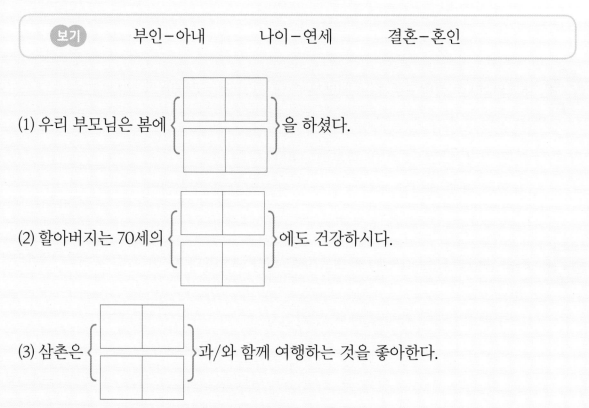

(1) 우리 부모님은 봄에 { } 을 하셨다.

(2) 할아버지는 70세의 { } 에도 건강하시다.

(3) 삼촌은 { } 과/와 함께 여행하는 것을 좋아한다.

4장 우리 가족의 행사

매체 독해 다음 가족 행사표를 보고, 물음에 답해 봅시다.

• 다은이네 가족 행사표 •

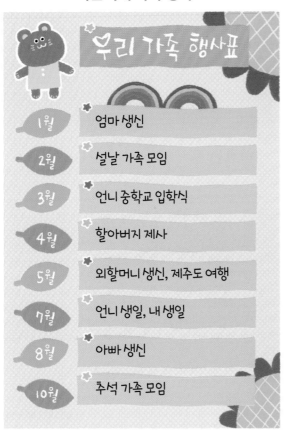

우리 가족 행사표

1월 엄마 생신
2월 설날 가족 모임
3월 언니 중학교 입학식
4월 할아버지 제사
5월 외할머니 생신, 제주도 여행
7월 언니 생일, 내 생일
8월 아빠 생신
10월 추석 가족 모임

• 지민이네 가족 행사표 •

우리 가족 행사표

1월 형 생일
2월 동생 유치원 졸업식
3월 할머니 생신
4월 제주도 가족 여행
5월 부모님 결혼기념일
6월 고모 결혼식

1 가족 행사표에 넣을 내용으로 알맞은 것을 모두 골라 색칠하세요.

| 가족 여행 | 가족의 나이 | 가족의 생일 | 가족의 혈액형 |

2 다은이와 지민이네 가족 행사에 대한 설명으로 옳은 것에는 ○표, 옳지 <u>않은</u> 것에는 ×표 하세요.

(1) 지민이의 고모는 6월에 결혼식을 한다. ( )

(2) 다은이네는 명절에 가족 모임을 하지 않는다. ( )

(3) 다은이와 지민이네 가족은 모두 제주도 여행을 간다. ( )

가족은 여러 **❶행사**를 함께 치릅니다. 중요하고 특별한 날을 축하하거나, 명절에는 다 같이 모여서 즐겁게 지냅니다. 우리는 이러한 가족 행사를 통해 집안의 **❷전통**을 이어 나갈 수 있고, 가족, **❸친지**와 따뜻한 정을 나눌 수도 있습니다.

해마다 치르는 가족 행사에는 어떤 것들이 있을까요? 우선 가족 **❹구성원**이 태어난 날을 축하하는 생일이 있습니다. 우리는 해마다 가족의 생일을 진심으로 축하해 주고, 특별한 생일에는 잔치를 벌이기도 합니다. 아이가 태어난 지 1년이 되는 생일에는 돌잔치를 하고, 할아버지와 할머니의 61번째 생일에는 환갑잔치를 합니다. 설날이나 추석 같은 명절이 되면 온 가족이 모여 특별한 음식을 해 먹고 놀이를 하는 등 즐거운 시간을 보냅니다. 또 돌아가신 가족을 기억하는 행사인 **❺제사**를 지내기도 합니다.

해마다 반복되지는 않지만 특별한 날에 치르는 가족 행사도 있습니다. 입학식은 학교에 처음으로 들어가 선생님과 친구들을 만나는 행사이고, 졸업식은 학교에서 배움을 모두 마친 것을 축하하는 행사입니다. 아이가 자라서 스무 살이 되면 어른이 된 것을 축하하며 성년식을 합니다. 배우자를 만나면 가족이나 친척, 친구들 앞에서 부부가 되기로 약속하는 결혼식을 합니다. 이처럼 우리는 다양한 가족 행사를 통해 중요하고 특별한 날을 **❻기념**하고 있습니다.

---

❶ **행사**: 중요하거나 특별하게 여겨서 하는 일.
❷ **전통**: 옛날부터 전하여 내려오는 생각이나 습관, 행동 방식 같은 것.
❸ **친지**: 서로 잘 알고 가깝게 지내는 사람.
❹ **구성원**: 어떤 모임을 이루고 있는 사람들.
❺ **제사**: 죽은 사람을 기억하고 음식을 바치어 정성을 보이는 것.
❻ **기념**: 오래 잊지 않고 마음에 간직함.

 옛날 사람들의 가족 행사, 관혼상제

관혼상제는 우리 조상들이 옛날부터 가장 중요하게 여긴 가족 행사로, 관례·혼례·상례·제례를 아울러 이르는 말입니다. 관례는 어른이 된 것을 축하하는 것, 혼례는 결혼하는 것, 상례는 사람이 죽었을 때 장사를 지내는 것, 제례는 제사를 지내는 것을 말합니다.

1 다음 그림은 어떤 가족 행사를 하는 모습인지 이 글에서 찾아 쓰세요.

(   )   (   )   (   )

2 해마다 치르는 가족 행사를 모두 골라 ○표 하세요.

> 설날   제사   생일   결혼식   가족 여행

3 '가족 행사'에 대해 발표한 내용입니다. 빈칸에 들어갈 알맞은 말을 각각 쓰세요.

> 저는 2월에 오빠의 (   )에 가서 졸업을 축하해 주었어요. 오빠는 곧 있으면 중학생이 됩니다. 3월에는 초등학교 (   )에서 처음으로 선생님과 친구들을 만났어요. 가족과 함께해서 더욱 즐거운 가족 행사였어요.

4 가족 행사에 대해 바르게 이해한 사람의 이름을 쓰세요.

> • 지훈: 재미없는 가족 행사에는 가지 않아도 돼.
> • 지아: 가장 친한 친구의 생일은 가족 행사라고 할 수 있어.
> • 선하: 가족 행사를 통해 가족들과 따뜻한 정을 나눌 수 있어.

(   )

5 이 글에서 알 수 있는 내용으로 알맞은 것은 어느 것인가요?   (   )

① 가족 행사에 참여하는 방법   ② 가족 행사의 여러 가지 예

③ 해마다 있는 가족 행사의 개수   ④ 명절과 가족 행사를 구별하는 법

⑤ 옛날과 오늘날 가족 행사의 차이점

1 다음 낱말의 뜻으로 알맞은 것을 선으로 이어 보세요.

기념 •	• 오래 잊지 않고 마음에 간직함.
행사 •	• 어떤 모임을 이루고 있는 사람들.
친지 •	• 서로 잘 알고 가깝게 지내는 사람.
구성원 •	• 중요하거나 특별하게 여겨서 하는 일.

2 다음 그림과 같이 축하하기 위해 치르는 가족 행사가 <u>아닌</u> 것을 골라 ○표 하세요.

생일   제사

환갑잔치   졸업식

3 다음 그림을 나타내는 말을 보기 에서 골라 쓰세요.

보기	명절	제사	결혼식	돌잔치	입학식

(1) □□   (2) □□□   (3) □□□

행복한 가족을 만들어요

정답 확인

하루한장 앱에서 학습 인증하고 하루템을 모으세요!

 **매체 독해** 다음 가족 신문을 읽고, 물음에 답해 봅시다.

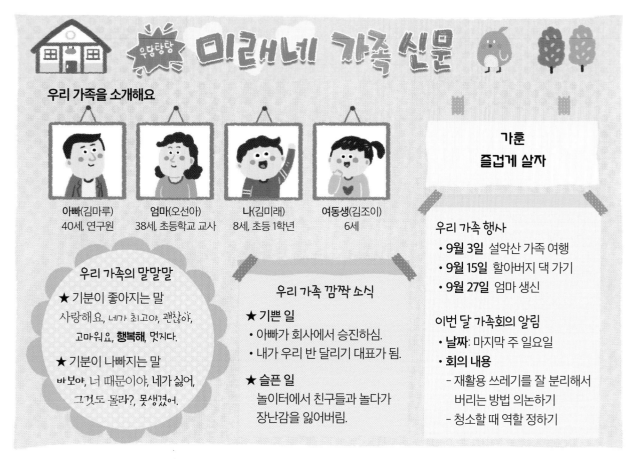

우당탕탕 **미래네 가족 신문**

우리 가족을 소개해요

아빠(김마루)
40세, 연구원

엄마(오선아)
38세, 초등학교 교사

나(김미래)
8세, 초등 1학년

여동생(김조이)
6세

가훈
즐겁게 살자

우리 가족 행사
- **9월 3일** 설악산 가족 여행
- **9월 15일** 할아버지 댁 가기
- **9월 27일** 엄마 생신

이번 달 가족회의 알림
- **날짜**: 마지막 주 일요일
- **회의 내용**
  - 재활용 쓰레기를 잘 분리해서 버리는 방법 의논하기
  - 청소할 때 역할 정하기

우리 가족의 말말말
★ 기분이 좋아지는 말
사랑해요, 네가 최고야, 괜찮아, 고마워요, **행복해**, 멋지다.

★ 기분이 나빠지는 말
바보야, 너 때문이야, 네가 싫어, 그것도 몰라?, 못생겼어.

우리 가족 깜짝 소식

★ 기쁜 일
- 아빠가 회사에서 승진하심.
- 내가 우리 반 달리기 대표가 됨.

★ 슬픈 일
놀이터에서 친구들과 놀다가 장난감을 잃어버림.

1 미래네 가족에 대한 설명으로 알맞은 것은 어느 것인가요? (   )

① 제주도로 가족 여행을 다녀왔습니다.

② 미래와 여동생은 둘 다 초등학생입니다.

③ 첫째 주 일요일에 가족회의가 있습니다.

④ 아빠는 이번 달에 회사에서 승진하셨습니다.

⑤ 미래네 가족은 할아버지, 아빠, 엄마, 미래, 여동생입니다.

2 다음 빈칸에 들어갈 알맞은 말을 쓰세요.

엄마 생일에는 선물보다 (   )과/와 같은 기분이 좋아지는 말을 듣고 싶어.

　가족은 나와 가장 가까운 사람들입니다. 우리는 가족과 함께 살아가면서 지식과 예절, 규칙을 배우고, 서로를 사랑하고 아껴 주면서 마음의 ❶안정을 얻기도 합니다. 하지만 가끔은 다른 가족을 ❷배려하지 않아 힘들게 만들기도 합니다. 가족이 함께 행복하게 살려면 어떻게 해야 할까요?

　가족이 행복하게 살기 위해서는 서로 예절을 지켜야 합니다. 다른 가족의 생각을 무시하지 않고 ❸존중하는 태도를 가져야 합니다. 평소에 가족들과 많이 대화하고 문제가 생기면 대화로 풀기 위해 노력해야 합니다. 또 사용한 물건은 스스로 정리하고, 다른 사람의 물건도 소중히 다루어야 합니다. 밥을 먹을 때에는 정해진 시간에 정해진 장소에 모여서 먹고, 식사 준비와 식사 후 정리도 함께 합니다. 밥을 먹으면서 텔레비전을 보거나 휴대 전화를 사용하는 것은 식사 예절에 어긋나는 행동입니다.

　가족 간에 문제가 생기거나 서로 의견이 다를 때에는 가족회의를 열어 해결하는 것이 좋습니다. ❹회의를 하기 전에 미리 ❺주제에 대해 충분히 대화하여 서로 ❻공감하는 시간을 갖습니다. 가족회의를 할 때에는 서로의 생각을 자유롭게 말하고 상대방의 생각도 잘 들으면서 회의에 집중합니다. 가족회의를 하면서 나온 의견은 수첩 같은 것에 곧바로 적어 두고, 가족회의에서 정한 약속은 꼭 지켜야 합니다.

----

❶ **안정**: 몸이나 마음이 편안하고 고요함.
❷ **배려하다**: 도와주거나 보살펴 주려고 마음을 쓰다.
❸ **존중하다**: 높이어 소중하게 대하다.
❹ **회의**: 여럿이 모여 생각을 주고받음.
❺ **주제**: 이야기를 주고받을 때 중심이 되는 문제.
❻ **공감하다**: 다른 사람의 생각이나 느낌에 대해 자기도 그렇다고 느끼다.

 가족회의의 좋은 점
가족회의는 부모님과 자녀가 소통하는 기회가 되기도 합니다. 혼자 해결하기 어려운 문제나 서로에게 바라는 점에 대해 이야기할 수 있고, 대화를 하면서 다른 사람을 설득하고 다른 사람의 생각을 존중하는 태도를 배울 수 있습니다.

1 이 글의 중심 내용은 어느 것인가요? ( )

① 가족회의의 중요성   ② 가족 간의 대화 방법

③ 가족회의를 하는 순서   ④ 가족이 행복하기 위해 필요한 노력

⑤ 장소에 따라 지켜야 할 가족 예절

2 다음 내용이 옳으면 ○표, 옳지 않으면 ×표 하세요.

(1) 가족 간에 지켜야 할 기본적인 예절은 한 가지뿐이다. ( )

(2) 가족 간에 예절을 잘 지키면 서로를 힘들지 않게 할 수 있다. ( )

3 가족 간에 지켜야 할 예절을 바르게 말한 사람의 이름을 모두 쓰세요.

> • 누리: 내 장난감은 부모님께 정리해 달라고 할 거야.
> • 찬호: 다른 가족의 물건들도 모두 소중히 다루어야 해.
> • 선우: 밥을 먹을 때 텔레비전을 보면 안 되지만 휴대 전화는 괜찮아.
> • 준혁: 나와 가장 가까운 사람이라고 내 마음대로만 행동하면 안 돼.

( )

4 식사 예절로 옳은 것에는 ○표, 옳지 않은 것에는 ×표 하세요.

식사 준비와 뒷정리 함께 하기	아무 때나 편한 시간에 밥 먹기	정해진 장소에 모여서 함께 먹기
( )	( )	( )

5 가족회의에 관한 설명으로 잘못된 것은 어느 것인가요? ( )

① 가족의 문제는 가족회의를 열어 해결한다.

② 가족회의에서 약속한 것은 꼭 지켜야 한다.

③ 가족회의를 할 때에는 상대방의 의견을 잘 들어야 한다.

④ 가족회의를 하기 전에 주제에 대해 충분히 대화하는 것이 좋다.

⑤ 가족회의를 하면서 나온 의견은 회의를 끝내고 나서 나중에 적는다.

1 다음의 뜻을 가진 낱말을 보기 에서 찾아 쓰세요.

> 보기   공감하다   배려하다   존중하다

(1) 높이어 소중하게 대하다.   (   )

(2) 도와주거나 보살펴 주려고 마음을 쓰다.   (   )

(3) 다른 사람의 생각이나 느낌에 대해 자기도 그렇다고 느끼다.   (   )

2 다음 문장의 빈칸에 들어갈 알맞은 낱말을 찾아 선으로 잇고 따라 쓰세요.

자기의 일은 ( ) 해야 한다.	•	•	서	로	
약속을 ( ) 어기면 안 된다.	•	•	스	스	로
형제니까 ( ) 사이좋게 지내라.	•	•	마	음	대	로

3 다음 빈칸에 들어갈 말의 뜻을 보고, 알맞은 낱말을 보기 에서 찾아 쓰세요.

> 보기   돕다   열다   적다   풀다

(1) 교실에 도착해서 창문을 ☐☐.
  └ 닫히거나 막힌 것을 통하게 하다.

(2) 선생님의 말씀을 공책에 ☐☐.
  └ 어떤 내용을 글로 쓰다.

(3) 무거운 책을 들고 가는 친구를 ☐☐.
  └ 남이 하는 일이 잘되도록 거들거나 힘을 보태다.

(4) 짝과 싸워서 기분이 나빴던 일을 대화로 ☐☐.
  └ 문제 같은 것을 해결하거나 사라지게 하다.

가로세로 퍼즐을 완성하며, 주제3에서 공부한 용어의 뜻을
다시 한번 떠올려 봐요.

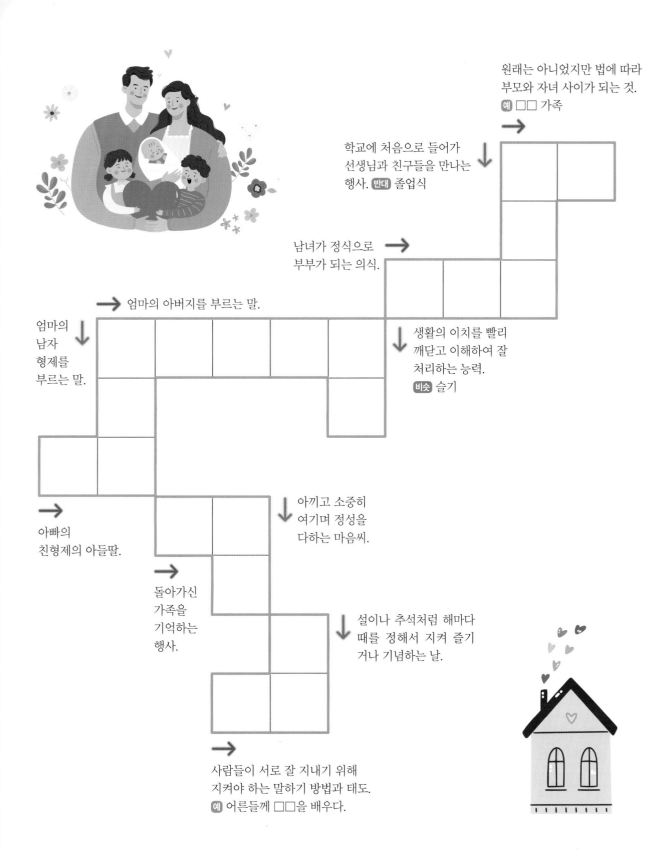

원래는 아니었지만 법에 따라
부모와 자녀 사이가 되는 것.
예 □□ 가족

학교에 처음으로 들어가
선생님과 친구들을 만나는
행사. 반대 졸업식

남녀가 정식으로
부부가 되는 의식.

엄마의 아버지를 부르는 말.

엄마의
남자
형제를
부르는 말.

생활의 이치를 빨리
깨닫고 이해하여 잘
처리하는 능력.
비슷 슬기

아빠의
친형제의 아들딸.

아끼고 소중히
여기며 정성을
다하는 마음씨.

돌아가신
가족을
기억하는
행사.

설이나 추석처럼 해마다
때를 정해서 지켜 즐기
거나 기념하는 날.

사람들이 서로 잘 지내기 위해
지켜야 하는 말하기 방법과 태도.
예 어른들께 □□을 배우다.

주제

4

명절과
세시 풍속

이번 주에 공부할 내용에 대한
주간 학습 계획을 세워 보세요.

	공부할 내용	교과 연계	공부한 날	스스로 평가
1장	명절과 국경일은 다른 건가요	가을 1-2 [2단원]	월 일	😢 😋 😚
2장	설날과 추석	가을 1-2 [2단원]	월 일	😢 😋 😚
3장	열두 달 세시 풍속	가을 1-2 [2단원], 사회 3-2 [2단원]	월 일	😢 😋 😚
4장	옛날 사람들의 놀이	가을 1-2 [2단원]	월 일	😢 😋 😚
5장	사라져 가는 세시 풍속	가을 1-2 [2단원], 사회 3-2 [2단원]	월 일	😢 😋 😚

명절과 국경일은 다른 건가요

 **매체 독해** 다음 달력을 보고, 물음에 답해 봅시다.

1 명절과 국경일의 뜻을 읽고, 달력에서 명절을 찾아 ○표, 국경일을 찾아 △표 하세요.

| 명절 | — | 전통적으로 해마다 여러 가지 행사와 놀이를 하며 즐기는 날. |
| 국경일 | — | 나라의 경사를 기념하기 위하여 법으로 정한 날. |

2 다음에서 설명하는 날을 달력에서 찾아 쓰세요.

한글을 만들어 세상에 펴낸 것을 기념하고, 한글의 우수성을 기리기 위하여 정한 날이다.

(   )

❶달력에는 날짜와 요일 외에도 작은 글씨로 '추석'이나 '한글날'과 같은 명절과 국경일이 적혀 있습니다. 흔히 명절과 국경일이라고 하면 학교에 가지 않는 날이라고만 생각할 수 있지만, 모두 쉬는 날은 아닙니다. 그렇다면 명절과 국경일은 무엇일까요?

명절은 우리 ❷조상들이 전통적으로 지내온 특별한 날로, 설날, 대보름날, 한식, 단오, 추석, 동지 등이 있습니다. 새해의 첫날인 설날은 ❸음력 1월 1일로, 우리나라 최대의 명절입니다. 설날 아침에는 차례를 지내고 어른들께 세배를 드린 후, 떡국을 먹습니다. 한식은 한 해의 농사가 시작되는 때로 찬 음식을 먹는 풍속이 있습니다. 단오는 음력 5월 5일로, 모내기를 끝내고 한 해의 농사가 잘되기를 비는 날입니다. 추석은 음력 8월 15일로, 한가위라고도 합니다. 추석에는 거두어들인 곡식과 과일로 음식을 만들어서 차례를 지내고 ❹성묘를 가며, 송편을 만들어 먹습니다.

국경일은 나라의 경사를 ❺기념하기 위해 국가가 법으로 정한 날입니다. 생일이 되면 축하를 하듯이 국경일에도 축하 행사를 하고 집집마다 태극기를 답니다. 우리나라의 대표적인 국경일에는 삼일절, 광복절, 한글날이 있습니다. 삼일절은 3월 1일로 3·1 운동을 기념하는 날이고, 광복절은 8월 15일로 일본의 ❻지배에서 벗어나 ❼독립을 되찾은 것을 기념하는 날입니다. 한글날은 10월 9일로 세종 대왕이 한글을 만든 것을 기념하는 날입니다.

----

❶ **달력**: 1년을 달, 날, 요일로 나누고 날짜에 따라 적어 놓은 것.
❷ **조상**: 우리 이전에 살았던 돌아가신 옛날 어른들.
❸ **음력**: 달이 지구를 한 바퀴 도는 시간을 한 달로 삼아 날짜를 세는 방법.
❹ **성묘**: 조상의 무덤을 찾아가서 살피고 돌보는 것.
❺ **기념하다**: 뜻깊은 일이나 훌륭한 인물 등을 오래도록 잊지 않고 마음에 간직하다.
❻ **지배**: 어떤 사람이나 모임, 국가 등을 따르게 하고 다스리는 것.
❼ **독립**: 남의 다스림 아래 있거나 남에게 도움을 받는 상태에서 벗어남.

 삼일절과 광복절
삼일절과 광복절은 우리나라의 독립과 관련된 날입니다. 삼일절은 일본의 지배에 맞서 만세 운동을 일으켜 우리의 독립 의지를 전 세계에 알린 날입니다. 광복절은 35년 동안 이루어진 일본의 지배에서 벗어나 독립을 되찾은 날로, '광복'은 '빛을 되찾다'라는 뜻을 담고 있습니다.

1 이 글의 중심 낱말은 어느 것인가요? (정답 2개) (   )

① 명절   ② 달력   ③ 독립   ④ 기념식   ⑤ 국경일

2 이 글에서 알 수 <u>없는</u> 내용은 어느 것인가요? (   )

① 명절의 뜻   ② 국경일의 뜻   ③ 명절의 풍속

④ 국경일의 예   ⑤ 음력의 좋은 점

3 전통적으로 사람들이 설날에 하는 일을 골라 ○표 하세요.

(   )   (   )   (   )

4 국경일에 대한 설명으로 알맞은 것은 어느 것인가요? (정답 2개) (   )

① 국경일은 법으로 정해져 있다.

② 국경일에는 여러 축하 행사를 한다.

③ 설날, 한식, 단오, 추석이 대표적이다.

④ 가정에서는 음식을 장만하고 전통 놀이를 즐긴다.

⑤ 우리 조상들이 전통적으로 지내온 특별한 날이다.

5 이 글의 내용과 맞지 <u>않는</u> 이야기를 한 사람의 이름을 쓰세요.

> • 형은: 명절과 국경일은 학교에 가지 않는 날이야.
> • 지민: 설날에는 떡국을 먹고, 추석에는 송편을 먹어.
> • 태호: 삼일절이나 광복절이 되면 사람들은 집에 태극기를 달아.

(   )

1 다음의 뜻을 가진 낱말을 보기 에서 찾아 쓰세요.

보기	달력	독립	성묘	음력

(1) 조상의 무덤을 찾아가서 살피고 돌보는 것.   (   )

(2) 1년을 달, 날, 요일로 나누고 날짜에 따라 적어 놓은 것.   (   )

(3) 남의 다스림 아래 있거나 남에게 도움을 받는 상태에서 벗어남. (   )

(4) 달이 지구를 한 바퀴 도는 시간을 한 달로 삼아 날짜를 세는 방법.

(   )

2 다음 중 다른 낱말을 포함하는 낱말을 골라 ○표 하세요.

(1)

단오	동지	명절	한식	대보름

(2)

광복절	국경일	삼일절	한글날

3 다음 낱말의 뜻을 보고 문장에 들어갈 알맞은 낱말을 골라 ○표 하세요.

(1)

빗다	머리털을 빗 따위로 가지런히 고르다.
빚다	가루를 반죽하여 만두, 경단 따위를 만들다.

추석에 가족들이 모두 모여 송편을 (빗었다 / 빚었다).
친구를 만나러 나가기 전에 단정하게 머리를 (빗었다 / 빚었다).

(2)

재배	식물을 심어 가꿈.
지배	어떤 사람이나 모임, 국가 등을 따르게 하고 다스리는 것.

이 마을에서는 사과 (재배 / 지배)를 많이 한다.
광복절은 일본의 (재배 / 지배)에서 벗어나 독립을 되찾은 날이다.

 **매체 독해**   다음 인터넷 게시판의 글을 읽고, 물음에 답해 봅시다.

> **❯여러분의 추석 이야기를 들려 주세요.**
>
> 1반 친구들, 풍요로운 추석 명절 보냈나요?
> 친척들을 만나 즐거웠던 일, 부모님을 도와 음식을 준비한 일, 복잡한 도로 위에서 지루했던 일, 그 어떤 이야기라도 좋습니다.
> 이번 추석 때 여러분이 겪은 일을 댓글로 달아 주세요.

선생님

댓글 달기 | 공유하기 | 좋아요 | ♥7

ㄴ **송이현** | 20○○년 10월 ○○일
온 가족이 둘러앉아 예쁜 송편을 빚었어요.

ㄴ **오선하** | 20○○년 10월 ○○일
시골에 있는 할아버지 댁에 가서 오랫동안 보지 못했던 사촌들을 만났어요.

ㄴ **김훈** | 20○○년 10월 ○○일
추석날 아침에 일찍 일어나 차례를 지냈어요.

ㄴ **최이서** | 20○○년 10월 ○○일
밤에는 하늘에 떠 있는 둥근 달을 보고 소원을 빌었어요.

1   1반 친구들이 추석을 보낸 모습으로 알맞지 **않은** 것은 어느 것인가요?   (   )

① 세배하기   ② 송편 만들기
③ 차례 지내기   ④ 친척들 만나기
⑤ 달 보고 소원 빌기

2   '추석'을 설명할 때 사용할 수 있는 낱말을 모두 골라 색칠하세요.

| 명절 | 팥죽 | 국경일 | 풍요롭다 |

　설날과 추석은 우리나라의 대표적인 명절입니다. 설날과 추석이 되면 멀리 떨어져 사는 친척을 만나 즐거운 시간을 보내며 **❶정**을 나눕니다. 또 맛있는 음식을 **❷장만**하여 서로 나누어 먹고 조상들께 차례를 지냅니다.

　설날은 음력 1월 1일로, 새로운 한 해가 시작되는 첫날입니다. 설날에는 일찍 일어나 조상들께 차례를 지내고 어른들께 세배를 드립니다. 세배를 드리면 어른들은 **❸덕담**을 해 주고 세뱃돈을 주기도 합니다. 설날 아침에는 떡국을 먹는데, 떡국은 가래떡을 얇게 썰어서 끓여 먹는 음식입니다. 옛날부터 우리 조상들은 떡국을 먹어야 나이를 한 살 더 먹는다고 생각하였습니다. 설날에는 가족들과 함께 윷놀이, 연날리기, 널뛰기 등 여러 가지 놀이를 즐기기도 합니다.

　추석은 음력 8월 15일로, '중추절' 또는 '한가위'라고도 합니다. 추석은 한 해의 농사를 끝내고 곡식을 거두어들이는 때에 있습니다. 모든 것이 **❹풍성**한 추석에는 **❺햇곡식**과 **❻햇과일**로 음식을 장만해 나누어 먹고 조상들께 감사의 마음을 담아 차례를 지냅니다. 추석에는 송편을 빚어 먹기도 하는데, 송편은 푸른 솔잎을 깔고 쪄 먹는 반달 모양의 떡입니다. 추석에는 강강술래, 씨름, 줄다리기 등 여러 가지 놀이를 하고, 밤하늘에 떠 있는 둥근 보름달을 보며 소원을 빌기도 합니다.

----

❶ 정: 무엇을 느끼어 생겨나는 마음.
❷ 장만하다: 필요한 것을 만들거나 사거나 하여 갖추다.
❸ 덕담: 주로 새해에 남이 잘되기를 빌며 하는 말.
❹ 풍성하다: 넉넉하고 많다.
❺ 햇곡식: 키운 그 해에 새로 난 곡식.
❻ 햇과일: 키운 그 해에 새로 난 과일.

 해마다 날짜가 달라지는 설날과 추석

설날과 추석은 모두 음력으로 날짜가 정해지기 때문에 해마다 설날과 추석을 지내는 날도 달라집니다. 달력에서 큰 숫자로 써 있는 날짜는 양력이고, 그 옆에 작은 숫자로 써 있는 날짜가 음력을 나타냅니다. 양력은 지구가 태양의 주위를 한 바퀴 도는 데 걸리는 시간을 1년으로 정해 만든 것이고, 음력은 달이 지구를 한 바퀴 도는 시간을 1년으로 정해 만든 것입니다.

1 다음 빈칸을 채워 이 글의 제목을 완성하세요.

우리나라의 대표 명절, ☐☐ 과 ☐☐

2 설날에 했던 일을 바르게 말한 사람의 이름을 쓰세요.

- 인아: 아침에 조상들께 차례를 지내고 어른들께 세배를 드렸어.
- 호준: 엄마를 도와 송편을 빚었는데 예쁘게 만들었다고 칭찬을 받았어.
- 승우: 밤에는 보름달을 보고 우리 가족 모두 건강하게 해 달라고 빌었어.

( )

3 이 글을 읽고 대답할 수 <u>없는</u> 질문은 어느 것인가요? ( )

① 설날과 추석은 언제인가요?

② 설날에는 어떤 일을 하나요?

③ 추석을 달리 부르는 말에는 무엇이 있나요?

④ 송편을 만들 때 필요한 재료는 무엇인가요?

⑤ 추석에 주로 하는 놀이에는 어떤 것들이 있나요?

4 다음 사진에 해당하는 음식의 이름을 이 글에서 찾아 쓰세요.

(1)

( )

(2)

( )

5 이 글을 읽고 알게 된 내용을 정리하였습니다. 빈칸을 채워 표를 완성하세요.

구분	설날(음력 1월 1일)	추석(음력 8월 15일)
대표 음식	떡국	( )
하는 놀이	( )	강강술래, 씨름, 줄다리기 등
같은 점	가족과 함께 즐거운 시간을 보내고, 조상들께 ( )을/를 지냄.	

1 다음 낱말의 뜻으로 알맞은 것을 선으로 이어 보세요.

| 정 | • | | • | 키운 그 해에 새로 난 과일. |

| 덕담 | • | | • | 무엇을 느끼어 생겨나는 마음. |

| 햇과일 | • | | • | 주로 새해에 남이 잘되기를 빌며 하는 말. |

2 다음 밑줄 친 말을 따라 쓰고, 이 말과 반대의 뜻을 가진 낱말을 보기 에서 골라 쓰세요.

보기   한   헌   얇다   크다

(1) 작년에 입던 바지가 <u>작다</u>. 작 다 ↔ ☐ ☐

(2) 초등학교 1학년이 되어서 <u>새</u> 가방을 샀다. 새 ↔ ☐

(3) 겨울에 입는 옷은 <u>두껍다</u>. 두 껍 다 ↔ ☐ ☐

3 다음 그림을 나타내는 말을 보기 에서 찾아 쓰세요.

보기   강강술래   연날리기   줄다리기

☐☐☐☐   ☐☐☐☐   ☐☐☐☐

3장 열두 달 세시 풍속

17일차

정답 확인

하루한장 앱에서
학습 인증하고
하루템을 모으세요!

매체 독해 다음 백과사전을 읽고, 물음에 답해 봅시다.

어린이 백과사전

세시 풍속

▶ **세시 풍속의 뜻**

'세시'는 매년 되풀이되는 어떤 날이나 때를 나타내는 말이고, '풍속'은 옛날부터 내려오는 생활 습관이나 행사를 뜻하는 말이에요. 따라서 세시 풍속은 매년 같은 날이나 때에 하는 행사를 말해요.

▶ **세시 풍속이 생겨난 까닭**

옛날 사람들은 농사를 짓고 살았기 때문에 계절의 변화가 중요한 영향을 끼쳤어요. 따라서 계절에 따라 농사일이 정해져 있었고 독특한 생활 습관이 나타났어요.

▶ **세시 풍속의 예** ㅅ

설날	- 떡국 먹기 - 세배하기
대보름	- 쥐불놀이 - 달집태우기 - 부럼 깨물기
단오	- 그네뛰기, 씨름 - 창포물에 머리 감기
중양절	- 국화전 부치기 - 단풍 즐기기
삼복	- 삼계탕, 육개장 먹기 - 물놀이 하기
동지	- 팥죽 먹기 - 달력 나누어 주기

1 다음 빈칸에 들어갈 알맞은 말을 위 백과사전에서 찾아 쓰세요.

(   )

매년 되풀이되는 어떤 날이나 때

+

풍속

옛날부터 내려오는 생활 (   )(이)나 행사

→

(   )

옛날부터 매년 같은 날이나 때에 하는 행사

2 다음과 같은 때에 하는 세시 풍속으로 알맞은 것을 보기 에서 골라 기호를 쓰세요.

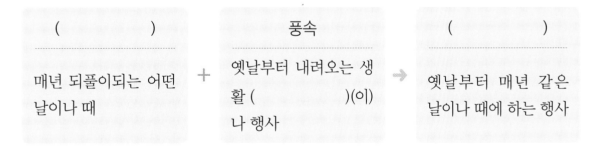

보기   ㉠ 쥐불놀이   ㉡ 단풍 즐기기   ㉢ 부럼 깨물기   ㉣ 국화전 부치기

(1) 중양절: (   )   (2) 대보름: (   )

(가) 옛날 우리 조상들은 달마다 ❶특정한 날을 정해 두고 즐겁게 보냈습니다. 정월 대보름, 한식, 단오, 추석, 동지와 같은 날에 대해 들어 보았나요? 일 년 열두 달 중 이러한 날이 되면 우리 조상들은 특별한 음식을 만들어 먹고 재미있는 ❷민속을 즐겼습니다. 이처럼 해마다 특정한 날에 되풀이되던 생활 습관을 '세시 풍속'이라고 합니다. 세시 풍속에는 어떤 것들이 있는지 1월의 정월 대보름과 5월의 단오를 함께 살펴볼까요?

(나) 정월 대보름은 새해 첫 보름달이 뜨는 날로, 음력 1월 15일입니다. 이 날은 일 년 중에 가장 큰 달이 뜨는 날로, 사람들은 이 보름달을 보며 새해의 소원을 빌었습니다. 다섯 가지 곡식으로 오곡밥을 지어 먹었고, 땅콩, 호두, 밤 등의 ❸부럼을 깨물어 먹으면서 일 년 내내 ❹부스럼이 생기지 않기를 기원했습니다. 이른 아침에 만난 친구의 이름을 불러 친구가 대답을 하면 "내 더위 사가라."라고 말하면서 더위를 팔기도 하였습니다.

(다) 단오는 음력 5월 5일로, '수릿날'이라고도 하였습니다. 단오에는 수리취라는 나물이나 쑥으로 떡을 만들어 먹었는데, 그 떡의 모양이 마치 ❺수레바퀴와 같다고 하여 붙여진 이름입니다. 단오가 지나면 무더운 여름이 시작되었습니다. 그래서 사람들은 더위를 건강하게 이겨 내자는 뜻으로 서로에게 부채를 선물하기도 하였습니다. 또 ❻창포 잎과 뿌리로 우려낸 물로 머리를 감기도 하고, 남자들은 씨름, 여자들은 그네타기를 하며 단오를 즐겼습니다.

----

❶ **특정**: 특별히 가리켜 정함.
❷ **민속**: 보통 사람들 사이에서 오래전부터 전해져 내려오는 생활 습관.
❸ **부럼**: 정월 대보름날 아침에 깨물어 먹는 땅콩, 호두, 잣 등의 딱딱한 열매.
❹ **부스럼**: 피부에 생기는 종기를 아울러 이르는 말.
❺ **수레바퀴**: 수레가 굴러가도록 수레 밑에 댄 바퀴.
❻ **창포**: 주로 연못 가장자리에서 자라며 잎이 가늘고 긴 풀.

 배경 +지식 넓히기

단오의 세시 풍속
단오는 모내기를 끝낸 후 풍년을 비는 제사를 지내기도 하는 중요한 날이었습니다. 단오에는 머리를 윤기 있게 하려고 창포물에 머리를 감았습니다. 또 '단오선'이라는 부채를 선물하기도 하였는데, 옛날에는 왕이 신하들에게 직접 부채를 나누어 주기도 하였습니다.

1 이 글의 중심 낱말은 어느 것인가요?　　　　　　　　　　（　　　　）

① 단오　　　　　　　② 명절　　　　　　　③ 민속

④ 세시 풍속　　　　　⑤ 정월 대보름

2 (가)~(다)에서 주로 설명하는 내용이 무엇인지 선으로 이어 보세요.

(가)	•		•	세시 풍속의 뜻
(나)	•		•	단오의 풍속
(다)	•		•	정월 대보름의 풍속

3 정월 대보름을 가리키는 날로 알맞은 것을 골라 ○표 하세요.

| 음력 1월 15일 | 무더위가 시작되는 날 | 새해 첫 보름달이 뜨는 날 | 창포물에 머리를 감는 날 |

4 이 글에서 알 수 있는 내용으로 알맞지 <u>않은</u> 것은 어느 것인가요?　　（　　　　）

① 단오에는 부채를 선물하였다.

② 세시 풍속은 해마다 되풀이된다.

③ 단오가 지나면 날씨가 더워진다.

④ 정월 대보름에는 오곡밥을 지어 먹었다.

⑤ 정월 대보름에는 친구들이 서로 만나지 않는다.

5 정월 대보름의 풍속에는 ○표, 단오의 풍속에는 △표 하세요.

(1) （　　　　）　　(2) （　　　　）　　(3) （　　　　）　　(4) （　　　　）

1 다음의 뜻을 가진 낱말을 보기 에서 찾아 쓰세요.

> 보기   창포   특정   부스럼   수레바퀴

(1) 특별히 가리켜 정함.   (   )

(2) 수레가 굴러가도록 수레 밑에 댄 바퀴.   (   )

(3) 피부에 생기는 종기를 아울러 이르는 말.   (   )

(4) 주로 연못 가장자리에서 자라며 잎이 가늘고 긴 풀.   (   )

2 다음 낱말을 따라 쓰고, '세시 풍속'을 경험할 수 있는 날이 <u>아닌</u> 것을 골라 ○표 하세요.

한식

동지

세 시 풍 속

수릿날

생일

3 다음 날짜의 특별한 날을 가리키는 낱말을 찾아 선으로 잇고 따라 쓰세요.

음력 1월 1일	•		•	단 오
음력 1월 15일	•		•	설 날
음력 5월 5일	•		•	추 석
음력 8월 15일	•		•	대 보 름

18 일차

4장 옛날 사람들의 놀이

정답 확인
하루한장 앱에서
학습 인증하고
하루템을 모으세요!

매체 독해 다음 설명서를 읽고, 물음에 답해 봅시다.

윷놀이 방법

❭윷놀이 규칙

❶ 사람 수에 맞춰 편을 나누고, 다른 편과 한 사람씩 건너서 둘러앉아 윷을 던집니다.

❷ 윷을 던져 나온 결과대로 윷말을 옮길 수 있습니다.

❸ 모든 윷말이 윷판을 돌아 출발지로 먼저 들어오는 편이 이깁니다.

❭유의 사항

 윷을 던져 옮겨간 곳에 상대편의 윷말이 있으면 그 윷말을 잡고 윷을 한 번 더 던집니다.

 윷을 던져 옮겨간 곳에 내 윷말이 있다면 윷말을 업어서 동시에 움직일 수 있습니다. 다만, 상대편이 나의 윷말을 잡게 된다면 두 개가 같이 잡히게 됩니다.

❭윷말을 놓는 법

도	개	걸	윷	모
윷말을 한 칸 옮긴다.	윷말을 두 칸 옮긴다.	윷말을 세 칸 옮긴다.	윷말을 네 칸 옮긴다. (윷을 한 번 더 던짐.)	윷말을 다섯 칸 옮긴다. (윷을 한 번 더 던짐.)

---

1 위와 같은 설명서가 필요한 때는 언제인지 ○표 하세요.

| 윷놀이 규칙을 알고 싶을 때 ☐ | 윷말 만드는 방법을 알고 싶을 때 ☐ | 윷놀이를 했던 경험을 소개하고 싶을 때 ☐ | 윷놀이가 어떻게 생겨났는지 알고 싶을 때 ☐ |

2 윷놀이 방법을 잘못 설명한 것은 어느 것인가요? ( )

① 윷을 던져 나온 결과대로 윷말을 옮길 수 있다.

② 상대편의 윷말을 잡으면 윷을 한 번 더 던질 수 있다.

③ 모든 윷말이 윷판을 돌아 출발지로 먼저 들어오는 편이 이긴다.

④ 윷을 던져 '도'가 나오면 윷말은 한 칸 옮기고, 윷을 한 번 더 던질 수 있다.

⑤ 윷을 던져 옮겨간 곳에 내 윷말이 있다면 윷말을 업어서 동시에 움직일 수 있다.

텔레비전도 없고 컴퓨터도 없던 옛날에는 어떤 놀이를 하며 시간을 보냈을까요? 전통 놀이는 연날리기, 윷놀이, 공기놀이 등 옛날부터 전해 내려오는 놀이를 말하는 것으로, 오늘날에도 많은 사람이 즐겨 합니다. 전통 놀이는 밖에서 하는 ❶신체 활동이 많고, ❷자연물을 이용해 여럿이 함께 즐기는 놀이가 많습니다. 그래서 재미도 있고 우리의 몸과 마음을 건강하게 해 줍니다.

명절에 하던 전통 놀이에는 연날리기, 줄다리기, 윷놀이 등이 있습니다. 연날리기는 주로 정월 대보름에 연을 날리던 놀이로, 친구의 연을 맨 줄을 끊는 대결을 하기도 합니다. 윷놀이는 주로 설날에 했던 놀이로, 네 개의 윷가락을 던져 윷판의 윷말을 옮겨 ❸승부를 겨루던 놀이입니다. 줄다리기는 단오와 추석에 많이 하였는데, 편을 나누어 밧줄을 잡아당겨 더 많이 끌어당긴 쪽이 이기는 놀이입니다.

일상생활에서 하던 전통 놀이에는 공기놀이, 딱지치기, 제기차기 등이 있습니다. 공기놀이는 작은 돌들을 바닥에 두고 규칙에 따라 집고 던져서 받는 놀이입니다. 딱지치기는 종이를 접어서 만든 ❹딱지로 바닥에 있는 다른 사람의 딱지를 힘껏 내리쳐 딱지가 뒤집히면 가져가는 놀이입니다. 제기차기는 ❺제기가 바닥으로 떨어지지 않도록 발로 ⓐㄱ 차는 놀이입니다.

---

❶ **신체**: 사람의 몸.
❷ **자연물**: 사람이 만든 것이 아니라 자연에 저절로 생겨 있는 것들.
❸ **승부**: 이기고 지는 것.
❹ **딱지**: 아이들이 종이를 네모나게 접어서 만들어 노는 장난감.
❺ **제기**: 엽전 같은 쇠붙이 조각에 종이나 헝겊으로 만든 깃털을 달아 발로 차며 노는 장난감.

---

1 전통 놀이에 대해 <u>잘못</u> 말한 사람은 누구인가요?　　　　　　　（　　　　）

① 가은: 전통 놀이는 밖에서 하는 신체 활동이 많아.
② 나연: 전통 놀이는 옛날부터 전해 내려오는 놀이야.
③ 다정: 전통 놀이는 사라져서 오늘날에는 할 수가 없어.
④ 라미: 전통 놀이는 우리의 몸과 마음을 건강하게 해 줘.
⑤ 윤호: 전통 놀이는 자연물을 이용해 여럿이 함께하는 것이 많아.

2 다음 전통 놀이들을 주로 하였던 때에 맞게 각각 구분하여 쓰세요.

> 윷놀이   공기놀이   딱지치기   연날리기   줄다리기

(1) 명절에 하던 전통 놀이: (   )

(2) 일상생활에서 하던 전통 놀이: (   )

3 다음 놀이 방법을 보고, 빈칸에 들어갈 알맞은 전통 놀이의 이름을 쓰세요.

> • (   ): 작은 돌들을 규칙에 따라 집고 던져서 받는다.
> • (   ): 편을 나누어 밧줄을 잡아당겨 더 많이 끌어당긴 쪽이 이긴다.
> • (   ): 자신의 딱지로 다른 사람의 딱지를 내리쳐 딱지가 뒤집히면 상대의 딱지를 가져간다.

4 ㉠에 들어갈 알맞은 말은 어느 것인가요?   (   )

① 마구   ② 세게   ③ 뺑뺑   ④ 툭툭   ⑤ 힘껏

5 전통 놀이를 나타낸 그림이 <u>잘못된</u> 것은 어느 것인가요?   (   )

①
윷놀이

②
공기놀이

③
줄다리기

④
연날리기

⑤
제기차기

옛날 어린이들의 놀이

지금과 같이 컴퓨터나 다양한 장난감은 없었지만, 옛날 어린이들도 여러 가지 놀이를 하였습니다. 제기차기, 비석치기, 공기놀이, 땅따먹기, 자치기와 같은 놀이를 하면서 몸을 쑥쑥 자라게 하고, 마음도 건강하게 하였습니다.

1 다음 낱말의 뜻으로 알맞은 것을 선으로 이어 보세요.

| 딱지 | • | | • | 이기고 지는 것. |

| 승부 | • | | • | 아이들이 종이를 네모나게 접어서 만들어 노는 장난감. |

| 자연물 | • | | • | 사람이 만든 것이 아니라 자연에 저절로 생겨 있는 것들. |

2 다음 빈칸에 들어갈 말의 뜻을 보고, 알맞은 낱말을 보기 에서 찾아 쓰세요.

> 보기   던지다   뒤집다   보내다

(1) 강물 위로 돌을 ☐☐☐ .
└ 손에 든 물건을 다른 곳에 떨어지게 팔과 손목을 움직여 보내다.

(2) 재미있는 이야기책을 읽으며 시간을 ☐☐☐ .
└ 시간이나 세월을 지나가게 하다.

(3) 바닷가에 커다란 파도가 밀려와서 배를 ☐☐☐ .
└ 위가 밑으로 되고 밑이 위로 되게 하다.

3 다음 밑줄 친 말을 따라 쓰고, 이 말과 반대의 뜻을 가진 낱말을 보기 에서 골라 쓰세요.

> 보기   잇다   지다   차다

(1) 나무를 칭칭 감고 있던 줄을 | 끊 | 다 | . ↔ ☐☐

(2) 달리기 시합에서 내가 친구를 | 이 | 기 | 다 | . ↔ ☐☐

사라져 가는 세시 풍속

정답 확인

하루한장 앱에서
학습 인증하고
하루템을 모으세요!

매체 독해 다음 안내장을 보고, 물음에 답해 봅시다.

○○민속박물관 체험 교육 프로그램 안내

함께해요 ☺

세 시 풍 속

우리 박물관에서는 명절과 24절기의 세시 풍속에 대해 알아보는 시간을 갖기 위해 <함께 해요, 세시 풍속> 프로그램을 마련했습니다. 함께 놀면서 명절, 절기와 관련된 놀이와 먹을 거리를 체험할 수 있기를 기대합니다. 우리 풍속을 놀며 배우고 싶은 모든 초등학생의 참여 를 기다립니다.

2월	4월	5월	9월	11월	12월
윷놀이 하기	복조리 만들기	부채 만들기	줄다리기	팽이치기	달력 만들기
떡국 먹기	화전 만들기	그네뛰기	송편 만들기	강정 만들기	한과 먹기

대상 | 초등학생과 동반 가족
체험료 | 없음.

일정 | 첫째 주, 셋째 주 일요일 오전 10:00~
장소 | ○○민속박물관 내 체험장

*자세한 안내 사항은 ○○민속박물관 누리집에서 확인할 수 있습니다.

---

1 박물관에서 체험 교육 프로그램을 마련한 까닭은 무엇인가요?　　(　　　)

① 세시 풍속이 생겨난 까닭을 설명하기 위해서

② 이미 사라져 버린 세시 풍속을 기억하기 위해서

③ 사람들에게 ○○민속박물관을 소개하기 위해서

④ 오늘날 세시 풍속의 변화된 모습을 알려 주기 위해서

⑤ 학생들이 세시 풍속을 직접 체험해 볼 수 있게 하기 위해서

2 체험 행사에 대한 설명으로 옳은 것에는 ○표, 옳지 <u>않은</u> 것에는 ×표 하세요.

(1) 복조리와 화전을 만들고 싶으면 5월에 방문해야 한다.　　(　　　)

(2) 행사는 첫째 주, 셋째 주 일요일 오전 10시부터 시작한다.　　(　　　)

(3) 행사의 참여 대상은 초등학생이고 가족은 함께 참석할 수 없다.　　(　　　)

(가) 세시 풍속은 우리 조상들의 생활 모습이 ❶고스란히 담긴 우리의 소중한 문화입니다. 그런데 요즘 우리들은 어떤 세시 풍속이 있었는지도 모를 정도로 세시 풍속이 사라져 가고 있습니다. (나)

옛날 우리 조상들은 주로 농사를 짓고 살았습니다. 날씨와 계절의 변화는 농사를 짓는 데 매우 중요했고, 계절에 따라 해야 하는 농사일이 정해져 있었습니다. 그래서 농사와 관련된 세시 풍속이 계절에 따라 다양했습니다. ⟨ ㉠ ⟩ 오늘날에는 농사를 짓는 사람들이 줄어들었고, 사람들이 대부분 회사나 공장에서 일을 하면서 날씨와 계절의 ❷영향을 적게 받고 그에 대한 관심도 줄어들게 되었습니다. 그 결과 계절별로 하던 세시 풍속도 점점 사라지게 되었습니다. (다)

산업이 발달하면서 사람들이 ❸도시에 살게 된 것도 원인이 되었습니다. 옛날에는 사람들이 주로 친척끼리 모여 살면서 ❹협동하여 농사를 지었는데, 오늘날에는 ❺직업이 다양해지면서 가족과 떨어져 도시에 사는 사람이 많아졌습니다. (라) 가족의 형태도 확대 가족에서 핵가족의 형태로 많이 변화하였고, 서로 떨어져 살다 보니 전통을 지키려는 마음도 약해졌습니다. 이러한 변화 때문에 전통적인 세시 풍속은 거의 사라지고, 대부분 설날이나 추석과 같은 큰 명절을 중심으로 한 세시 풍속만 이어져 내려오고 있습니다. (마)

---

❶ **고스란히**: 건드리지 아니하여 변하지 않고 온전한 상태로.
❷ **영향**: 어떤 결과가 다른 것에 미치는 일.
❸ **도시**: 정치·경제·문화의 중심이 되는, 사람이 많이 사는 지역.
❹ **협동**: 서로 마음과 힘을 하나로 합함.
❺ **직업**: 돈을 벌기 위해 정해진 시간 동안 계속하여 하는 일.

 세시 풍속 체험
우리 고유의 전통인 세시 풍속을 지켜 나가기 위해서 해마다 명절이나 특별한 날이 되면 박물관이나 고궁 등에서 다양한 체험 행사가 열립니다. 가까운 곳에 가서 직접 전통문화를 체험하면서 우리의 세시 풍속을 경험해 봅시다.

1 이 글의 중심 내용은 어느 것인가요? ( )

① 세시 풍속의 뜻 ② 계절별 세시 풍속의 예

③ 농사와 세시 풍속의 관계 ④ 세시 풍속이 사라지는 까닭

⑤ 세시 풍속을 이어 가려는 노력

2 ㉠에 들어갈 말로 알맞은 것은 어느 것인가요? ( )

① 만약 ② 하지만 ③ 그리고 ④ 예를 들어 ⑤ 왜냐하면

3 오늘날 세시 풍속이 사라지게 된 까닭으로 알맞은 것을 보기 에서 모두 골라 기호를 쓰세요.

> 보기 　㉠ 농사를 짓는 사람들이 늘어나면서
> 　　　㉡ 산업의 발달로 사람들이 도시에 모여 살게 되면서
> 　　　㉢ 사람들이 대부분 회사나 공장에서 일을 하게 되면서
> 　　　㉣ 설날이나 추석과 같은 명절이 모두가 즐기는 큰 명절이 되면서

( )

4 이 글에서 알 수 있는 내용이 아닌 것은 어느 것인가요? ( )

① 세시 풍속은 계절별로 농사와 관련된 것이 많다.

② 세시 풍속에는 옛 조상들의 생활 모습이 담겨 있다.

③ 산업이 발달하면서 세시 풍속이 점차 사라지고 있다.

④ 요즘 시대에 맞는 새로운 세시 풍속이 많이 생겨나고 있다.

⑤ 세시 풍속은 우리의 소중한 문화이지만 점점 볼 수 없게 되었다.

5 (가)~(마) 중에서 다음 내용이 들어가기에 알맞은 곳은 어디인가요? ( )

> 　세시 풍속에는 조상들의 생활이 담겨 있고, 서로 협동하며 공동체를 이루고자 했던 마음가짐이 담겨 있습니다. 따라서 세시 풍속에 많은 관심을 가지고 지켜 나가려고 노력해야 합니다.

① (가) ② (나) ③ (다) ④ (라) ⑤ (마)

1 다음 낱말의 뜻으로 알맞은 것을 선으로 이어 보세요.

영향 •	• 어떤 결과가 다른 것에 미치는 일.
직업 •	• 건드리지 아니하여 변하지 않고 온전한 상태로.
고스란히 •	• 돈을 벌기 위해 정해진 시간 동안 계속하여 하는 일.

2 다음 빈칸에 들어갈 말의 뜻을 보고, 알맞은 낱말을 보기 에서 찾아 쓰세요.

보기	관심	요즘	원인	협동

(1) 사고의 [ ] 을 조사하였다.
  └ 어떤 사물이나 상태를 변화시키거나 일으키게 하는 근본이 된 일이나 사건.

(2) [ ] 날씨가 추워져서 감기를 조심해야 한다.
  └ 바로 얼마 전부터 이제까지의 때.

(3) 내 짝은 동물이 나오는 이야기에 [ ] 이 많다.
  └ 어떤 것에 마음이 끌려 자세히 보는 마음.

(4) 이웃집 사람들과 [ ] 하여 길에 쌓인 눈을 치웠다.
  └ 서로 마음과 힘을 하나로 합함.

3 다음 문장에서 '짓다'가 어떤 뜻으로 사용되었는지 번호를 쓰세요.

짓다 ── ① 재료를 들여 밥, 옷, 집 같은 것을 만들다.
          ② 논밭을 다루어 농사를 하다.

(1) 우리 마을 사람들은 오래전부터 농사를 지었다. (   )

(2) 예전에는 가족들이 입을 옷을 직접 짓기도 했다. (   )

낱말판의 가로, 세로에 숨어 있는 용어를 찾아 쓰며,
주제4에서 공부한 용어의 뜻을 다시 한번 떠올려 봐요.

자	치	기	단	한	명	소
태	조	상	오	국	경	일
극	심	장	윷	가	어	른
기	떡	국	놀	세	버	민
설	날	수	이	시	이	속
연	날	리	기	풍	추	공
송	편	만	두	속	석	기

힌트

❶ 우리 이전에 살았던 돌아가신 옛날 어른들. 반대 후손.

❷ 음력 1월 1일로, 새로운 한 해가 시작되는 첫날.

❸ 추석에 푸른 솔잎을 깔고 쪄 먹는 반달 모양의 떡.

❹ 나라의 경사를 기념하기 위하여 국가가 법으로 정한 날.

❺ 해마다 특정한 날에 되풀이되던 생활 풍속.

❻ 사람들 사이에서 오래전부터 전해져 내려오는 생활 습관. 예 □□ 놀이

❼ 네 개의 윷가락을 던져 윷판의 윷말을 옮겨 승부를 겨루던 놀이.

주제

5

자랑스러운 우리나라

이번 주에 공부할 내용에 대한 주간 학습 계획을 세워 보세요.

	공부할 내용	교과 연계	공부한 날	스스로 평가
1장	우리나라를 상징해요	겨울 1-2 [1단원]	월 일	😣 😊 😑
2장	한글의 우수성	겨울 1-2 [1단원]	월 일	😣 😊 😑
3장	몸에 좋은 김치	겨울 1-2 [1단원]	월 일	😣 😊 😑
4장	아름다운 우리 옷	겨울 1-2 [1단원]	월 일	😣 😊 😑
5장	세계가 인정한 우리 문화유산	겨울 1-2 [1단원], 사회 3-1 [2단원]	월 일	😣 😊 😑
6장	평화 통일의 꿈	겨울 1-2 [1단원]	월 일	😣 😊 😑

우리나라를 상징해요

매체 독해   다음 인터넷 검색 결과를 보고, 물음에 답해 봅시다.

우리나라 꽃 ▶
우리나라 국기
우리나라 국가
묻고 답해요

❯ 무궁화의 뜻

무궁화는 우리나라를 상징하는 꽃으로 '영원히 피고 또 피어서 지지 않는 꽃'이라는 뜻입니다. 무궁화는 어디서나 잘 자라고, 우리 민족의 근면 성실한 면과 닮아 있습니다.

❯ 무궁화는 어떤 꽃인가요?

무궁화는 5개의 꽃잎이 붙어 있고, 흰색과 분홍색의 꽃잎 가운데에는 붉은 무늬가 있는 아름다운 꽃입니다. 보통 7월에서 10월 사이에 피며, 새벽에 꽃이 피기 시작하였다가 오후에는 오므라들기 시작하고 해질 무렵에는 꽃이 떨어지기를 반복합니다. 이렇게 약 100일 동안 한 그루에서 3천 송이가 넘는 꽃을 피우는 모습이 우리 민족의 인내와 끈기를 상징합니다.

1 다음과 같은 뜻을 가진 꽃의 이름을 쓰세요.

> 영원히 피고 또 피어서 지지 않는 꽃

(   )

2 무궁화에 대한 설명으로 알맞지 <u>않은</u> 것은 어느 것인가요?   (   )

① 우리나라를 상징하는 꽃이다.

② 보통 7월에서 10월 사이에 꽃이 핀다.

③ 꽃잎의 색깔은 흰색과 분홍색이 많다.

④ 한 그루에서 100송이 정도의 꽃을 피운다.

⑤ 무궁화는 우리 민족의 근면 성실한 면과 닮았다.

우리나라의 여러 [1]국가 상징 중에서 국기와 꽃, 그리고 노래에 대해 알아봅시다.

우리나라를 대표하는 국기는 태극기입니다. 태극기의 흰색 바탕은 밝음과 [2]순수, 그리고 평화를 사랑하는 우리의 마음을 나타냅니다. 가운데에 있는 태극 [3]문양은 음(파랑)과 양(빨강)의 [4]조화를 나타냅니다.

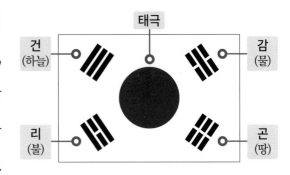

네 모서리에는 건곤감리로 구성된 사괘가 있는데 건은 '하늘', 곤은 '땅', 감은 '물', 리는 '불'을 나타냅니다.

우리나라를 대표하는 꽃은 무궁화입니다. 다섯 장의 꽃잎이 서로 붙어서 하나의 꽃을 이루는 무궁화의 모습은 우리의 [5]단결력을 보여 줍니다. 또 여름부터 세 달 동안 매일매일 새로운 꽃을 피우는 부지런함, 어디에서나 잘 자라는 강인함과 [6]끈기도 우리 민족과 닮아 있습니다.

마지막으로 우리나라를 대표하는 노래는 애국가입니다. 애국가의 뜻은 '나라를 사랑하는 노래'입니다. 우리나라가 영원히 발전하기를 바라는 마음과 늘 같은 마음으로 나라를 사랑하자는 뜻을 담고 있습니다. 애국가는 광복절, 삼일절 같은 국가 행사나 입학식, 졸업식 같은 중요한 학교 행사에서 자주 부르는데, 나라를 사랑하는 마음을 담아 노랫말을 정확하게 알고 불러야 합니다.

---

❶ **국가 상징**: 한 나라가 자신의 나라를 알리기 위해 그 나라를 대표하여 나타낸 것.
❷ **순수**: 다른 것이 전혀 섞이지 않음.
❸ **문양**: 무늬의 생김새.
❹ **조화**: 서로 잘 어울림.
❺ **단결력**: 많은 사람이 한데 뭉치는 힘.
❻ **끈기**: 쉽게 포기하지 않고 끝까지 견뎌 나가는 힘.

 우리나라의 국가 상징 더 알아보기

세계 여러 나라들은 그 나라의 역사와 문화에 따라 나라를 대표하여 표현할 수 있는 국가 상징을 정합니다. 우리나라의 국가 상징으로는 대표적으로 태극기(국기), 애국가(국가), 무궁화(국화), 나라 도장(국새), 나라 문장의 다섯 가지가 있습니다.

1 이 글에서 설명하고 있는 우리나라의 국가 상징을 모두 골라 ○표 하세요.

> 무궁화   한복   태극기   애국가   한글

2 이 글을 쓴 목적으로 알맞은 것은 어느 것인가요?   (   )

① 잘못한 일을 사과하기 위해서

② 자신의 생각이 옳다고 주장하기 위해서

③ 중요한 일을 잊지 않고 적어 두기 위해서

④ 다른 사람에게 중요한 일을 부탁하기 위해서

⑤ 글을 읽는 사람들에게 무언가 설명하기 위해서

3 태극기의 각 부분이 의미하는 것을 선으로 이어 보세요.

흰색 바탕	•		•	하늘, 땅, 물, 불
태극 문양	•		•	밝음, 순수, 평화를 사랑하는 마음
사괘	•		•	음(파랑)과 양(빨강)의 조화

4 무궁화에 대해 바르게 말한 사람의 이름을 쓰세요.   (   )

> • 지수: 깨끗한 환경이 아니면 절대 자라지 못해.
> • 준호: 무궁화는 우리 민족과 많이 닮아 있는 꽃이야.
> • 지아: 여섯 장의 꽃잎이 서로 붙어 하나의 꽃을 이루고 있어.

5 이 글에서 알 수 <u>없는</u> 내용은 어느 것인가요?   (   )

① 애국가는 '나라를 사랑하는 노래'를 뜻한다.

② 애국가는 국가 행사나 학교 행사에서 자주 부른다.

③ 태극기를 그릴 때에는 네 모서리의 사괘부터 그린다.

④ 무궁화의 모습에서 우리 민족의 강인함을 엿볼 수 있다.

⑤ 태극기의 가운데에는 태극 문양이, 네 모서리에는 사괘가 있다.

하루 어휘

1 다음 낱말의 뜻으로 알맞은 것을 선으로 이어 보세요.

끈기	•	•	서로 잘 어울림.
순수	•	•	많은 사람이 한데 뭉치는 힘.
조화	•	•	다른 것이 전혀 섞이지 않음.
단결력	•	•	쉽게 포기하지 않고 끝까지 견뎌 나가는 힘.

2 다음 빈칸에 들어갈 말의 뜻을 보고, 알맞은 낱말을 보기 에서 골라 쓰세요.

> 보기   권   달   명   장

(1) 책 사이에 사진이 한 [　] 들어 있었다.
ㄴ 종이나 유리 따위의 얇고 넓적한 물건을 셀 때 쓰는 말.

(2) 겨울 방학에 한 [　] 동안 스케이트를 배웠다.
ㄴ 한 해를 열둘로 나눈 것 가운데 하나의 기간.

3 다음 낱말의 뜻을 보고, 문장에 들어갈 알맞은 낱말을 골라 ○표 하세요.

(1)
| 정직하다 | 마음에 거짓이나 꾸밈이 없이 바르고 곧다. |
| 정확하다 | 바르고 확실하다. |

이 시계는 시간이 (정직하다 / 정확하다).
거짓말을 하지 말고 (정직하게 / 정확하게) 살아야 한다.

(2)
| 자라다 | 생물이 부분적으로 또는 전체적으로 점점 커지다. |
| 자르다 | 동강을 내거나 끊어 내다. |

무궁화는 어느 곳에서나 잘 (자란다 / 자른다).
미용실에 가서 머리카락을 짧게 (자란다 / 자른다).

 매체 독해 다음 공익 광고를 보고, 물음에 답해 봅시다.

무엇으로 보이십니까?

혹시 알파벳 'E'로 보이지 않으셨습니까?
많은 분들이 우리말의 'ㅌ'보다는 알파벳의 'E'라고 생각하셨을 것입니다.

지금 우리의 아이들은 우리말의 'ㅌ'보다 알파벳의 'E'를 먼저 배우고 있습니다.
아이에서부터 어른에 이르기까지 국어보다는 영어에 익숙해진 우리들.

자랑스런 우리말은 우리 민족의 정신입니다.

우리말을 사랑합시다.

공익광고협의회
한국방송광고공사

(자료 출처: 한국방송광고진흥공사)

1 위 공익 광고가 전달하고자 하는 내용은 어느 것인가요?　　　　(　　　)

① 우리말을 사랑하자.
② 한글을 예쁘게 쓰자.
③ 한글을 영어와 함께 쓰자.
④ 한글의 우수성을 널리 알리자.
⑤ 알파벳 'E'와 한글 'ㅌ'을 잘 구분하자.

2 위 공익 광고의 내용과 <u>다른</u> 것은 어느 것인가요?　　　　(　　　)

① 우리말은 우리 민족의 정신이다.
② 알파벳 'E'와 한글 'ㅌ'은 비슷하게 생겼다.
③ 국어보다는 영어에 익숙해진 사람들이 많다.
④ 우리말보다 알파벳을 먼저 배우는 아이들이 있다.
⑤ 어린아이들은 한글 'ㅌ'보다 알파벳 'E'를 좋아한다.

10월 9일 한글날은 세종 대왕의 ^❶업적을 기리고 한글의 ^❷우수성을 널리 알리기 위해 정한 날입니다. 그렇다면 우리가 사용하는 글자인 한글은 어떻게 만들어졌을까요?

한글의 옛 이름은 '훈민정음'으로, 훈민정음을 만든 사람이 바로 세종 대왕입니다. 옛날 세종 대왕이 살았던 때에는 우리의 말은 있었지만 그것을 글로 적을 우리만의 글자가 없었기 때문에 중국의 ^❸한자를 배워 글을 써야 했습니다. 그런데 이 한자는 너무 어려워서 글자를 모르는 사람들이 아주 많았습니다. 세종 대왕은 그런 ^❹백성을 안타깝게 여기고 백성을 사랑하는 마음을 담아 직접 글자를 만들어 발표했습니다. 이렇게 만들어진 훈민정음은 '백성을 가르치는 바른 소리'라는 뜻입니다. 훈민정음은 1443년에 세종 대왕이 ^❺창제하였다고 기록되어 있으며, 세계에서 유일하게 글자를 만든 사람과 만든 날짜, 만든 목적이 알려져 있습니다.

한글은 우리 힘으로 만들어 낸 과학적이고 훌륭한 문화입니다. 한글은 만들어진 방법이 과학적이어서 누구든 쉽게 배울 수 있는 글자입니다. ^❻자음과 ^❼모음 스물여덟 글자만 알면 어떤 글자라도 만들어 낼 수 있고, 세상의 모든 소리를 표현할 수 있습니다. 우리는 쉽게 배울 수 있는 한글 덕분에 글을 읽고 쓰는 기쁨을 누릴 수 있게 되었습니다.

----

❶ **업적**: 어떤 사업이나 연구 따위에서 이루어 낸 좋은 결과.
❷ **우수성**: 여럿 가운데에 뛰어난 특성.
❸ **한자**: 아주 오래전 중국에서 만들어져 지금까지 쓰이고 있는 글.
❹ **백성**: 옛날에 일반 국민을 이르던 말.
❺ **창제**: 전에 없던 것을 처음으로 만듦.
❻ **자음**: 'ㄱ, ㄴ, ㄷ, …'과 같이 혀나 입술 등이 입안의 어느 곳에 닿아서 내는 소리.
❼ **모음**: 'ㅏ, ㅑ, ㅓ, …'와 같이 입에서 막힘이 없이 목청을 울려 내는 소리.

 한글의 독창성과 과학성
한글은 매우 독창적이고 과학적으로 만들어진 글자입니다. 한글은 사람의 발음 기관과 하늘, 땅, 사람의 모양을 본떠 만든 독창적인 소리 글자입니다. 한글은 자음 17자와 모음 11자의 총 28자를 서로 합하여 글자들을 만들어 나가는 과학적인 글자입니다.

1 이 글의 중심 낱말은 어느 것인가요? ( )

① 과학 ② 한글 ③ 한자 ④ 한글날 ⑤ 세종 대왕

2 이 글에서 알 수 없는 내용은 어느 것인가요? ( )

① 한글의 우수성 ② 한글날의 옛 이름

③ 한글날을 정한 까닭 ④ 훈민정음을 창제한 날

⑤ 세종 대왕이 한글을 만든 까닭

3 다음 빈칸에 알맞은 낱말을 채워 한글의 탄생에 관한 내용을 정리하세요.

> • 한글의 옛 이름: ( )
> • 만든 사람: ( )
> • 만든 목적: 백성이 글자를 알고 쉽게 사용할 수 있게 하려고

4 이 글의 내용과 맞지 않는 것은 어느 것인가요? ( )

① 훈민정음을 만든 때는 정확하게 알 수 없다.

② 훈민정음 창제 이전에는 우리만의 글자가 없었다.

③ 한글은 자음과 모음 스물여덟 글자로 이루어져 있다.

④ 훈민정음은 세계에서 유일하게 글자를 만든 사람을 알 수 있다.

⑤ 한글날은 10월 9일로 한글의 우수성을 알리기 위해 정한 날이다.

5 한글에 대해 잘못 알고 있는 사람의 이름을 쓰세요.

> • 정훈: 한글은 과학적이어서 누구라도 쉽게 배울 수 있어.
> • 민지: 세종 대왕이 한글을 창제한 덕분에 우리 글자를 가지게 됐어.
> • 지욱: 한자도 우리 글자이지만 한글이 더 쉬워서 지금까지 사용하게 되었어.

( )

1 다음 빈칸에 들어갈 말의 뜻을 보고, 알맞은 낱말을 보기 에서 찾아 쓰세요.

| 보기 | 업적 | 창제 | 한자 |

(1) '사회'는 ☐☐ (으)로 '社會'라고 쓴다.
└ 아주 오래전 중국에서 만들어져 지금까지 쓰이고 있는 글자.

(2) 세종 대왕은 많은 ☐☐ 을/를 남긴 훌륭한 왕이다.
└ 어떤 사업이나 연구 따위에서 이루어 낸 좋은 결과.

(3) 왕은 우리의 글자를 ☐☐ 하여 우리말을 적을 수 있게 하였다.
└ 전에 없던 것을 처음으로 만듦.

2 다음 낱말의 뜻을 보고, 문장에 들어갈 알맞은 낱말을 골라 ○표 하세요.

| 익다 | 열매가 여물다. |
| 읽다 | 글을 보고 거기에 담긴 뜻을 헤아려 알다. |

(1) 동생이 동화책을 열심히 (익고 / 읽고) 있다.

(2) 감나무마다 감이 빨갛게 (익고 / 읽고) 있다.

3 다음 빈칸에 들어갈 알맞은 낱말을 보기 에서 찾아 쓰세요.

| 보기 | 발표하다 | 유일하다 | 훌륭하다 |

(1) 손을 들고 내 생각을 ☐☐☐☐ .

(2) 화가의 그림 그리는 솜씨가 매우 ☐☐☐☐ .

(3) 그 물고기가 사는 곳은 우리나라가 ☐☐☐ .

22일차

3장 몸에 좋은 김치

정답 확인
하루한장 앱에서
학습 인증하고
하루템을 모으세요!

매체 독해 다음 지도를 보고, 물음에 답해 봅시다.

1 지도의 제목으로 알맞은 것을 골라 색칠하세요.

| 김치의 역사 | 김치 담그는 순서 | 지역마다 다른 김치 |

2 지도를 보고 다음 문장에 들어갈 알맞은 낱말을 골라 ○표 하세요.

(1) 지역마다 (다양한 / 똑같은) 재료로 김치를 담가 먹는다.

(2) 함경도·평안도의 김치에는 고춧가루가 (많이 / 적게) 들어간다.

(3) 갓김치, 고들빼기김치가 대표적인 지역은 (경상도 / 전라도)이다.

김치는 우리 조상들이 오래전부터 먹어 온 **❶고유**의 음식입니다. 우리 조상들은 계절이나 지역에 따라 다양한 재료를 넣어 일 년 내내 김치를 만들어 먹었습니다. 김치의 대표적인 재료는 배추나 무이지만, 그 외에도 부추, 파, 오이 등 다양한 채소를 이용해 김치를 담가 먹었습니다. (　가　)

지역에 따라 대표적인 김치도 다양합니다. (　나　) 북부 지방의 대표적인 김치에는 고춧가루를 넣지 않은 시원한 '백김치'가 있습니다. 중부 지방에는 무로 만든 '깍두기'와 '총각김치'가 있고, 다양한 **❷양념**을 넣어 만든 '보쌈김치'도 유명합니다. 남부 지방에서는 김치를 만들 때 고춧가루와 **❸젓갈**을 많이 넣으며, 특히 **❹갓**을 이용해 만든 갓김치가 유명합니다. (　다　)

배추김치, 파김치, 오이소박이, 열무김치 등 수십 가지가 넘는 다양한 김치에는 우리 조상들의 지혜와 **❺슬기**가 담겨 있습니다. 잘 익은 김치에는 **❻유산균**이 아주 많이 들어 있어서 장을 깨끗하고 튼튼하게 해 줍니다. (　라　) 또한 김치에 들어가는 재료인 무, 배추, 고추 등에는 우리 몸에 필요한 영양소인 비타민, 칼슘 등이 풍부하게 들어 있습니다. 특히 김치는 채소를 먹기 힘든 겨울철에 비타민을 보충해 주는 역할을 했습니다. (　마　)

---

❶ **고유**: 처음부터 가지고 있던 특별한 것.
❷ **양념**: 음식의 맛을 돋우기 위해 쓰는 재료.
❸ **젓갈**: 새우, 조기, 멸치와 같은 생선이나 생선의 알 등을 소금에 절여서 만든 음식.
❹ **갓**: 잎이 자줏빛이고 약간 매운 맛이 있는 채소.
❺ **슬기**: 일을 바르게 판단하고 또 잘 처리해 내는 능력.
❻ **유산균**: 나쁜 세균을 물리쳐 우리 몸이 건강할 수 있게 도와주는 작은 생물.

 다양한 김치
우리나라는 지역에 따라 기온이 달라서 김치도 지역마다 특색 있게 발달했습니다. 남부 지방은 비교적 따뜻해서 김치가 금방 익고 쉽게 상할 수 있기 때문에 맵고 짠 김치를 만들었습니다. 반면 북부 지방은 날씨가 추워서 김치가 쉽게 익지 않아 소금을 적게 넣은 김치를 만들었습니다.

1 이 글에서 알 수 <u>없는</u> 내용은 어느 것인가요?　　　　　　　　（　　　）

① 김치를 만드는 방법　　　　　　　② 지역을 대표하는 김치

③ 김치를 먹으면 좋은 점　　　　　　④ 김치에 넣는 다양한 재료

⑤ 김치에 담긴 조상들의 슬기

2 이 글의 내용과 맞지 <u>않는</u> 것은 어느 것인가요?　　　　　　　（　　　）

① 김치의 재료로 배추와 무만 이용하였다.

② 고춧가루를 넣지 않고 만든 김치도 있다.

③ 김치는 우리나라를 대표하는 고유의 음식이다.

④ 우리 조상들은 일 년 내내 김치를 만들어 먹었다.

⑤ 김치에는 유산균과 비타민이 풍부하게 들어 있다.

3 사진은 어떤 김치를 나타낸 것인지 이 글에서 찾아 쓰세요.

(1) 북부 지방의
（　　　　　）

(2) 남부 지방의
（　　　　　）

4 다음 빈칸에 들어갈 알맞은 낱말을 이 글에서 찾아 쓰세요.

(1) 잘 익은 김치에는 (　　　　　　　　)이/가 들어 있어서 장을 튼튼하게 해 준다.

(2) 김치는 채소를 먹기 힘든 겨울철에 (　　　　　　　)을/를 보충해 주는 역할을
하였다.

5 (가)~(마) 중에서 다음 내용이 들어가기에 알맞은 곳은 어디인가요?　（　　　）

> 김치는 이러한 우수성을 세계적으로도 인정받아 세계 5대 건강식품으로 뽑히
> 기도 했습니다.

① (가)　② (나)　③ (다)　④ (라)　⑤ (마)

1 다음 낱말의 뜻으로 알맞은 것을 선으로 이어 보세요.

고유 •

슬기 •

양념 •

유산균 •

• 처음부터 가지고 있던 특별한 것.

• 음식의 맛을 돋우기 위해 쓰는 재료.

• 일을 바르게 판단하고 또 잘 처리해 내는 능력.

• 나쁜 세균을 물리쳐 우리 몸이 건강할 수 있게 도와주는 작은 생물.

2 다음 밑줄 친 낱말과 반대의 뜻을 가진 낱말을 보기에서 골라 쓰세요.

보기 더럽다 약하다 넉넉하다 부족하다

(1) 이곳은 비가 많이 와서 물이 풍부하다. ↔ ☐☐☐

(2) 청소를 열심히 했더니 방이 깨끗하다. ↔ ☐☐☐

(3) 우리 가족은 매일매일 운동을 해서 몸이 튼튼하다. ↔ ☐☐

3 다음 문장에서 '갓'이 어떤 뜻으로 사용되었는지 번호를 쓰세요.

① 옛날에 어른이 된 남자가 쓰던 모자.

갓

② 잎이 자줏빛이고 약간 매운 맛이 있는 채소.

(1) 시장에서 갓을 사와 맛있는 김치를 담가 먹었다. (   )

(2) 인터넷에서 갓을 쓰고 한복을 입은 옛날 사람들의 사진을 보았다. (   )

아름다운 우리 옷

 **매체 독해** 다음 신문 기사를 읽고, 물음에 답해 봅시다.

어린이 신문 　　　　　　　　　　　　　　　　　　[특집] 여러분의 의견을 기다립니다.

교복으로 한복을 입으면 어떨까요?

　최근 문화체육관광부는 한복 문화를 지키기 위해 한복 교복을 보급하겠다는 계획을 발표하였습니다. 이를 두고 사람들 사이에 다양한 반응이 나오고 있습니다.

　한복을 교복으로 만들면 예쁘고 사라져 가는 우리의 전통을 지킬 수 있다는 의견과, 학생들이 생활하는 데 불편하다는 의견이 나오고 있습니다. 여러분의 생각은 어떤가요? 여러분의 찬성과 반대 의견을 댓글로 달아 주세요.

---

1 위의 신문 기사에 대한 친구들의 댓글입니다. 한복 교복을 입는 것에 찬성하는 사람과 반대하는 사람으로 나누어 이름을 쓰세요.

지훈: 한복을 교복으로 만들어 평소에도 자주 입으면 좋을 것 같아요.

선하: 한복은 학생들이 입기에는 너무 불편한 옷이라고 생각해요.

윤선: 생활에 불편함이 없게 고쳐 입으면 교복으로도 괜찮을 것 같아요.

지민: 한복은 세탁이 어렵고 겨울에는 추워서 교복으로는 맞지 않아요.

찬성 　　　　　　　　　　　　　　　반대

2 위의 신문 기사를 작성한 목적으로 알맞은 것은 어느 것인가요?　　　(　　　　)

① 한복을 지키자고 주장하려고　　　② 한복의 아름다움을 소개하려고

③ 한복이 교복이 되는 것에 반대하려고　④ 한복 교복에 대한 의견을 알아보려고

⑤ 한복 교복의 좋은 점과 나쁜 점을 설명하려고

설날이나 추석에 한복을 입어 보았나요? 한복은 우리 조상들이 만들어 입던 옷입니다. 한복은 곧게 뻗은 직선과 부드러운 곡선이 조화를 이루어 독특한 멋이 있는 아름다운 옷입니다. 한복은 아름답기도 하지만, ❶품이 넉넉해서 바람이 잘 통해 건강에도 좋고 사계절 내내 입을 수 있는 ❷실용적인 옷입니다.

지금과 같은 형태의 한복은 조선 시대부터 입기 시작했습니다. 조선 시대에는 ❸신분에 따라 사람들이 입는 한복의 모양과 옷감이 달랐습니다. ❹양반 남자는 바지 위에 폭이 넓은 저고리를 입고 두루마기를 걸쳤습니다. 외출할 때에는 두루마기 위에 도포를 덧입었습니다. 양반 여자는 여러 가지 색이 들어간 저고리에 폭이 넓고 무늬가 화려한 긴 치마를 입었습니다. ❺평민 남자는 무명으로 만든 바지와 폭이 좁은 저고리를 입었으며, 평민 여자는 양반이 입는 치마보다 길이가 짧고 폭이 좁은 치마를 입었습니다. 평민들은 일을 하기 위해서 모두 활동하기에 편한 옷을 입었습니다.

한복의 옷감으로는 무명, 모시, 삼베, 비단이 있었습니다. 무명은 목화씨가 ❻원료인 옷감으로 일 년 내내 옷을 만드는 데 사용되었습니다. 여름에는 시원한 모시나 삼베로 만든 한복을 입었고, 겨울에는 목화솜을 넣은 한복을 만들어 입어 따뜻하게 지낼 수 있었습니다. 누에고치에서 실을 뽑아 만드는 비단은 부드럽고 따뜻했지만 양반들만 입을 수 있는 귀한 옷감이었습니다.

---

❶ **품**: 윗옷의 겨드랑이 밑의 가슴과 등을 두르는 부분의 넓이.
❷ **실용적**: 실제로 쓰기에 편하고 알맞은 것.
❸ **신분**: 예전에 사람을 높은 사람과 낮은 사람으로 나누던 것.
❹ **양반**: 조선 시대에 관리가 되어 나라를 다스리는 일을 할 수 있었던 높은 사람들을 가리키는 말.
❺ **평민**: 벼슬이 없는 보통 사람들.
❻ **원료**: 어떤 물건을 만드는 데 들어가는 재료.

 한복 입는 법
한복은 그 아름다움이 세계적으로 잘 알려진 우리의 전통 의상입니다. 한복은 성별에 따라 입는 옷도 다르고 입는 방법도 다릅니다. 한복을 입기 전에 옷고름 매는 법, 대님 매는 법 등 한복을 입는 방법을 알아 두면 좋습니다.

1 이 글의 중심 낱말은 어느 것인가요?　　　　　　　　　　　（　　　　）

① 명절　　　　　　　② 신분　　　　　　　③ 옷감

④ 조선　　　　　　　⑤ 한복

2 조선 시대에 한복을 입을 때 신분에 따라 달라졌던 것을 모두 골라 색칠하세요.

| 저고리의 폭 | 한복을 입는 때 | 치마의 길이 |

3 옷감과 그 옷감을 설명한 내용을 선으로 이어 보세요.

삼베　•　　　•　누에고치에서 실을 뽑아 만든 귀한 옷감이었다.

무명　•　　　•　시원하기 때문에 주로 여름 옷을 만들 때 이용했다.

비단　•　　　•　목화씨가 원료로, 일 년 내내 옷을 만드는 데 썼다.

4 이 글의 내용과 맞지 <u>않는</u> 것은 어느 것인가요?　　　　　　　（　　　　）

① 양반 남자는 바지 위에 폭이 넓은 저고리를 입었다.

② 양반 여자는 폭이 넓고 무늬가 화려한 긴 치마를 입었다.

③ 평민 남자는 비단으로 만들어진 폭이 좁은 저고리를 입었다.

④ 평민 여자는 양반이 입는 치마보다 폭이 좁은 치마를 입었다.

⑤ 평민 남자와 여자는 일을 하기 위해서 활동하기에 편한 옷을 입었다.

5 한복에 대해 <u>잘못</u> 알고 있는 사람의 이름을 쓰세요.

- 미진: 한복은 품이 너무 넓어서 실용적이지 않아.
- 지아: 한복은 바람이 잘 통해서 건강에 좋은 옷이야.
- 성윤: 한복은 직선과 곡선이 조화를 이룬 아름다운 옷이야.

（　　　　　　　　　　）

1 다음의 뜻을 가진 낱말을 보기 에서 찾아 쓰세요.

보기 　품　　　신분　　　원료　　　실용적

(1) 실제로 쓰기에 편하고 알맞은 것. 　　　　　　　(　　　　　　　)

(2) 어떤 물건을 만드는 데 들어가는 재료. 　　　　　(　　　　　　　)

(3) 예전에 사람을 높은 사람과 낮은 사람으로 나누던 것. (　　　　　　　)

(4) 윗옷의 겨드랑이 밑의 가슴과 등을 두르는 부분의 넓이. (　　　　　　　)

2 다음 중 다른 낱말을 포함하는 낱말을 골라 ○표 하세요.

(1) 　　도포　　　치마　　　한복　　　저고리　　　두루마기

(2) 　　모시　　　무명　　　비단　　　삼베　　　옷감

3 다음 밑줄 친 말을 따라 쓰고, 이 말과 반대의 뜻을 가진 낱말을 보기 에서 골라 쓰세요.

보기 　길다　　　좁다　　　다르다　　　틀리다

(1) 하율이는 나와 취미가 <u>같다</u>.

(2) 키가 컸는지 작년에 입던 바지가 <u>짧다</u>.

(3) 할아버지와 할머니께서 사시는 집은 마당이 <u>넓다</u>.

매체 독해 다음 뉴스 화면을 보고, 물음에 답해 봅시다.

오늘의 뉴스

'한국의 갯벌' 유네스코 세계 자연 유산 등재
조회수 200,123회, 2021. 7. 26.   👍 1.3천 👎 41 ➡ 공유 💬 댓글

충청남도 서천군과 전라북도 고창군 등의 한국 갯벌이 유네스코 세계 자연 유산에 등
재되었습니다. 앞서 2007년에 등재된 '제주 화산섬과 용암 동굴'에 이어 한국의 두
번째 세계 자연 유산이 되었습니다.
유네스코는 멸종 위기에 처한 철새의 서식지이자 다양한 생물이 살고 있는 생태계의
보고로서 '한국 갯벌'의 가치를 인정하고 이러한 결정을 내렸다고 밝혔습니다.

관련 영상

불국사와 석굴암

도시 전체가 박물관! 경주 역사
유적 지구를 가다

세계 유산을 지정하는 곳,
유네스코

1 한국의 갯벌이 세계 자연 유산으로 등재된 까닭을 모두 골라 색칠하세요.

경치가 매우 아름다워서 꼭 지켜야 하므로	멸종 위기에 처한 철새의 서식지이기 때문에	다양한 생물이 살고 있는 생태계의 보고이므로	한국에서 두 번째로 지정할 자연 유산이 필요해서

2 위의 뉴스에서 알 수 <u>없는</u> 내용은 어느 것인가요?   (   )

① 세계 유산을 지정하는 곳   ② 한국의 갯벌이 있는 지역
③ 한국의 갯벌이 가치 있는 까닭   ④ 세계 자연 유산이 되면 좋은 점
⑤ 한국의 첫 번째 세계 자연 유산

　　문화유산이란 조상들이 남긴 것 중에서 역사적, 문화적으로 가치가 높아 보호해야 하는 것을 말합니다. 유네스코에서는 세계 여러 나라의 문화유산 중에서 인류가 꼭 보존해야 할 가치가 있는 것들을 선정하여 세계 유산, 무형 문화유산, 세계 기록 유산으로 ❶지정하여 특별히 관리하고 있습니다.

　　세계 유산은 문화적, 자연적 가치를 인정하여 지정한 것입니다. 그중 문화유산은 ❷인류 전체를 위해 보호해야 할 ❸유적지나 유물, 건축물 등으로, 우리나라에서는 불국사·석굴암, 수원 화성, 고창·화순·강화 고인돌 유적, 조선 왕릉 등이 ❹등재되어 있습니다. 자연 유산은 ❺멸종 위기에 있는 동식물이 사는 곳이나 가치가 높은 자연환경으로, 제주 화산섬과 용암 동굴, 한국의 갯벌이 등재되어 있습니다.

　　무형 문화유산은 오랜 시간 이어져 온 문화 전통으로 음악이나 연극처럼 형태가 없는 것을 말합니다. 우리나라에서는 판소리, 강릉 단오제, 강강술래, 아리랑 등이 등재되어 있습니다. 세계 기록 유산은 인류에게 귀중한 ❻기록물을 보존하기 위해 선정한 것으로 훈민정음, 조선왕조실록, 난중일기, 동의보감 등이 등재되어 있습니다.

　　유네스코에 등재된 유산들은 우리의 자랑스러운 문화유산이자 인류의 유산으로서 보호받을 가치를 인정받은 소중한 문화유산임을 알고 잘 지켜 나가야 합니다. 우리의 문화유산은 국가뿐만 아니라 우리 모두가 보호해야 할 책임이 있습니다.

----

❶ **지정하다**: 어떤 것에 특정한 자격을 주다.
❷ **인류**: 세계의 모든 사람.
❸ **유적지**: 역사적인 사건이 벌어졌던 곳이나 그 표시가 남아 있는 곳.
❹ **등재**: 어떤 근거가 되도록 내용을 적어 두는 책에 올림.
❺ **멸종**: 살아 있는 어떤 것의 한 종류가 아주 없어짐.
❻ **기록물**: 나중에 남길 목적으로 어떤 사실을 적은 책, 사진, 그림 등을 한데 묶어 이르는 말.

 우리나라의 세계 유산
유네스코에 등재된 우리의 세계 유산은 2021년 기준으로 15점입니다. 1995년에 석굴암·불국사가 처음 등재되었으며, 그 뒤로 해인사 장경판전, 종묘, 창덕궁, 수원 화성, 경주 역사 유적 지구, 고창·화순·강화 고인돌 유적 등이 등재되었습니다.

1 다음 빈칸에 들어갈 알맞은 말을 쓰세요.

> (　　　　　　　)은/는 세계 각 나라의 문화유산 중에서 인류가 꼭 보존해야 할 가치가 있는 것들을 선정하여 특별히 관리하고 있다.

2 유네스코 유산과 그것을 설명한 내용으로 알맞은 것을 선으로 이어 보세요.

세계 유산	•		•	가치가 높은 자연환경과 유물이나 건축물.
무형 문화유산	•		•	인류에게 귀중한 유산으로 선정된 기록물.
세계 기록 유산	•		•	오랜 시간 이어져 온 형태가 없는 문화 전통.

3 세계 문화유산에는 ○표, 세계 기록 유산에는 △표 하세요.

> 수원 화성　　　훈민정음　　　불국사·석굴암　　　조선왕조실록

4 이 글에서 답을 알 수 <u>없는</u> 질문은 어느 것인가요?　　　　　　(　　　　)

① 문화유산이란 무엇인가요?

② 세계 유산을 지정하는 곳은 어디인가요?

③ 세계 유산을 지정하는 까닭은 무엇인가요?

④ 우리나라의 세계 유산에는 어떠한 것들이 있나요?

⑤ 우리나라의 문화유산이 세계 유산에 등재된 때는 언제인가요?

5 이 글의 내용과 맞지 <u>않는</u> 것은 어느 것인가요?　　　　　　(　　　　)

① 우리 모두에게 소중한 문화유산을 보호해야 할 책임이 있다.

② 세계 유산은 보호받을 가치를 인정받은 소중한 문화유산이다.

③ 자연환경이나 형태가 없는 것은 세계 유산으로 지정될 수 없다.

④ 우리나라에도 다양한 문화유산이 세계 유산으로 지정되어 있다.

⑤ 유네스코에서는 세계 유산, 무형 문화유산, 세계 기록 유산을 지정하여 관리한다.

1 다음의 뜻을 가진 낱말을 보기 에서 찾아 쓰세요.

> 보기   등재   멸종   인류   유적지

(1) 세계의 모든 사람.   (   )

(2) 살아 있는 어떤 것의 한 종류가 아주 없어짐.   (   )

(3) 어떤 근거가 되도록 내용을 적어 두는 책에 올림.   (   )

(4) 역사적인 사건이 벌어졌던 곳이나 그 표시가 남아 있는 곳.   (   )

2 다음 낱말의 뜻을 보고, 빈칸에 들어갈 알맞은 낱말을 찾아 쓰세요.

> • 건축물: 땅 위에 지었으며 지붕, 기둥, 벽이 있는 것.
> • 기록물: 나중에 남길 목적으로 어떤 사실을 적은 책, 사진, 그림 등을 한데 묶어
>   이르는 말.
> • 문화재: 조상들이 남긴 것 중에서 역사적·문화적으로 가치가 높아 보호해야 하
>   는 것.

불국사·석굴암, 수원 화성 ─── ☐☐☐

우리나라의 ☐☐☐

난중일기, 조선왕조실록 ─── ☐☐☐

3 다음 낱말과 바꾸어 쓸 수 있는 낱말을 보기 에서 찾아 빈칸에 쓰세요.

> 보기   보호하다   선정하다   소중하다   우수하다

뽑다 ─ ☐☐☐☐   귀하다 ─ ☐☐☐☐

지키다 ─ ☐☐☐☐   뛰어나다 ─ ☐☐☐☐

6장 25일차 평화 통일의 꿈

정답 확인

하루한장 앱에서 학습 인증하고 하루템을 모으세요!

 **매체 독해** 다음 조사 결과를 보고, 물음에 답해 봅시다.

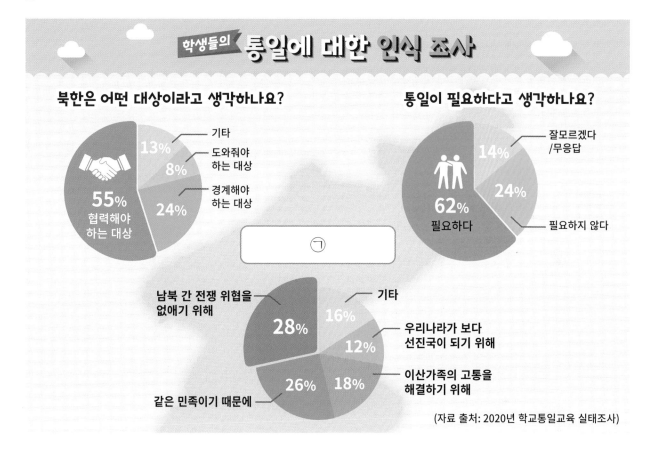

학생들의 **통일에 대한 인식 조사**

북한은 어떤 대상이라고 생각하나요?
- 13% 기타
- 8% 도와줘야 하는 대상
- 24% 경계해야 하는 대상
- 55% 협력해야 하는 대상

㉠

통일이 필요하다고 생각하나요?
- 14% 잘모르겠다/무응답
- 24% 필요하지 않다
- 62% 필요하다

- 남북 간 전쟁 위협을 없애기 위해 28%
- 16% 기타
- 12% 우리나라가 보다 선진국이 되기 위해
- 18% 이산가족의 고통을 해결하기 위해
- 26% 같은 민족이기 때문에

(자료 출처: 2020년 학교통일교육 실태조사)

1 ㉠에 들어갈 질문으로 알맞은 것은 어느 것인가요? ( )

① 통일은 우리에게 어떤 영향을 줄까요?

② 통일을 위해 어떤 노력을 해야 할까요?

③ 우리나라는 왜 남북으로 나뉘어 있을까요?

④ 통일이 필요하다고 생각한 까닭은 무엇인가요?

⑤ 통일이 필요하지 않다고 생각한 까닭은 무엇인가요?

2 조사 결과에 대해 잘못 말한 사람의 이름을 쓰세요. ( )

- 하루: 통일이 필요하다고 생각하는 학생들이 많아.
- 누리: 학생들은 북한을 협력 대상이자 경계 대상이라고 생각하고 있어.
- 미래: 선진국이 되기 위해서 통일을 이루어야 한다는 의견이 가장 많아.

우리는 원래 **❶북한**과 같은 민족으로, 하나의 나라를 이루고 살아왔습니다. 하지만 1950년에 남한과 북한 사이에 커다란 전쟁이 일어났고, 이 전쟁 때문에 남쪽은 우리 나라, 북쪽은 북한으로 완전히 갈라져 지금까지 살게 되었습니다.

우리가 통일을 해야 하는 까닭은 무엇일까요? 우리나라와 북한은 서로 싫어해서가 아니라, 힘센 국가들의 다툼 때문에 나뉘게 되었습니다. 남과 북이 나뉘면서 서로 헤어져 아픔을 겪는 **❷이산가족**도 생겨났으며, 남과 북으로 자유롭게 여행을 갈 수도 없게 되었습니다. 또 서로 가지고 있는 **❸자원**이나 식량을 주고받지 못해 경제적으로도 손해가 발생했으며, 언제 일어날지 모르는 전쟁에 대비하기 위해 무기를 사고 **❹군대**를 유지하는 **❺비용**도 많이 들어갑니다. 마지막으로 오랫동안 이어져 온 우리 민족의 역사를 지키기 위해서도 통일은 꼭 필요합니다.

우리나라와 북한은 통일을 이루기 위해 여러 가지 노력을 하고 있습니다. 끊어진 도로와 철도를 연결하여 **❻교류**와 협력을 늘리고, 이산가족이 만나는 행사를 열기도 했습니다. 남북이 사이좋게 지내기 위해서 하나의 팀을 만들어 **❼올림픽**에도 참가했습니다. 현재 우리나라와 북한은 문화적, 경제적으로 많이 다르기 때문에 서로의 상황을 이해하고 양보하기 위해 꾸준히 노력해야 합니다.

----

❶ 북한: 남쪽과 북쪽으로 나누어진 대한민국의 휴전선 북쪽 지역을 가리키는 말.
❷ 이산가족: 이리저리 흩어져서 서로 소식을 모르는 가족.
❸ 자원: 사람이 생활하거나 파는 물건 등을 만들 때 들어가는 자연에서 나는 여러 재료들.
❹ 군대: 싸움을 할 수 있는 능력을 특별히 갖춘 사람들인 군인들이 모여 있는 곳.
❺ 비용: 어떤 일을 하는 데 드는 돈.
❻ 교류: 문화나 생각 따위를 서로 통하게 하는 것.
❼ 올림픽: 4년마다 열리는 국제 운동 경기 대회.

 닮은 듯 다른 북한 말
우리나라와 북한은 서로 나뉘어 살아온 시간이 길어지면서 사용하는 말이 많이 달라졌습니다. 원래는 같은 말을 썼지만 이제는 서로의 말을 이해하지 못하는 때도 많습니다. 통일된 뒤의 사회 통합을 위해 남과 북은 겨레말큰사전 편찬 사업을 벌이기도 하였습니다.

1 다음 빈칸에 공통으로 들어갈 알맞은 말을 쓰세요. (   )

> • 우리와 같은 민족인 북한과 (   )을/를 하는 것은 꼭 필요한 일이다.
> • 남한과 북한은 (   )을/를 이루기 위해 여러 가지 노력을 하고 있다.

2 우리나라와 북한의 관계에 대해 잘못 설명한 것은 어느 것인가요? (   )

① 같은 민족으로 하나의 나라를 이루고 살아왔다.

② 힘센 국가들의 다툼 때문에 남과 북으로 나뉘게 되었다.

③ 남과 북으로 나누어지면서 경제적으로 손해가 발생하였다.

④ 도로와 철도를 연결하여 자유롭게 여행을 할 수 있게 되었다.

⑤ 전쟁 때문에 남과 북으로 나누어졌고 지금까지 갈라져 살고 있다.

3 통일이 필요한 까닭으로 알맞지 <u>않은</u> 것은 어느 것인가요? (   )

① 우리 민족의 역사를 지키기 위해서

② 이산가족의 아픔을 해결할 수 있으므로

③ 세계에서 가장 강력한 나라가 되기 위해서

④ 서로 가지고 있는 자원과 식량을 주고받기 위해서

⑤ 처음부터 우리가 원해서 남과 북으로 갈라진 것이 아니므로

4 통일에 대해 <u>잘못</u> 말한 사람의 이름을 쓰세요. (   )

> • 윤지 : 통일이 되면 전쟁이 일어날까 봐 걱정하지 않아도 돼.
> • 성호 : 통일이 되면 무기를 사고 군대를 유지하는 비용을 줄일 수 있어.
> • 승아 : 비록 남과 북이 서로 싫어해서 나누어졌지만 이제는 통일을 해야 해.

5 통일을 이루기 위한 노력으로 옳은 것에는 ○표, 옳지 <u>않은</u> 것에는 ×표 하세요.

(1) 때를 정해서 꾸준히 이산가족 만남 행사를 연다. (   )

(2) 운동 경기에서 남북이 하나의 팀을 만들어 대회에 참가한다. (   )

(3) 북한의 문화와 경제를 우리나라와 똑같이 만들기 위해 노력한다. (   )

1 다음 낱말의 뜻으로 알맞은 것을 선으로 이어 보세요.

| 군대 | • | | • | 어떤 일을 하는 데 드는 돈. |

| 비용 | • | | • | 이리저리 흩어져서 서로 소식을 모르는 가족. |

| 이산가족 | • | | • | 싸움을 할 수 있는 능력을 특별히 갖춘 사람들인 군인들이 모여 있는 곳. |

2 다음 낱말을 따라 쓰고, '갈라지다'와 반대의 뜻을 가진 낱말을 골라 ○표 하세요.

합하다

헤어지다

찢어지다 — 갈 라 지 다 — 나누어지다

3 다음 빈칸에 들어갈 말의 뜻을 보고, 알맞은 낱말을 보기 에서 찾아 쓰세요.

| 보기 | 다툼 | 무기 | 전쟁 |

(1) ☐☐ 은/는 연합군의 승리로 끝났다.
└ 국가와 국가 또는 한 국가 안에서 여러 무리가 힘으로 서로 싸움.

(2) 새로운 ☐☐ 을/를 개발하여 다른 나라를 물리쳤다.
└ 나라 사이에서나 사람 사이에서 싸울 때 쓰는 것들.

(3) 옆집 사람과 ☐☐ 이/가 있고 난 뒤 서로 말도 하지 않게 되었다.
└ 생각이 달라서 서로 따지며 싸우는 일.

신나는 퍼즐 퍼즐

가로세로 퍼즐을 완성하며, 주제5에서 공부한 용어의 뜻을
다시 한번 떠올려 봐요.

우리 조상들이 만들어 입던 우리 고유의 옷.
📷 □□을 곱게 차려 입다.

세종 대왕의 업적을 기리고
한글의 우수성을 널리 알리기
위해 정한 날.

무늬의 생김새. 📷 태극 □□

조상들이 남긴 것 중에서 역사적,
문화적으로 가치가 높은 것

우리나라를 대표하는 꽃

우리나라를
대표하는 노래

역사적인 사건이 벌어
졌던 곳이나 그 표시가
남아 있는 곳.

한 나라가 자신의 나라를
알리기 위해 그 나라를
대표하여 나타낸 것.

삼실로 짠 천. 시원하여 주로
여름철 옷감으로 사용함.

3·1 운동을 기념하는 날.
3월 1일.

일본의 지배에서 벗어나 독립을
되찾은 것을 기념하는 날.
8월 15일.

하루한장 앱은 이렇게 활용해요!

하루와 함께 잡는
바른 공부 습관

1 **하루한장 앱 설치**

먼저 교재 표지의 QR 코드를
찍어 하루한장 앱을 설치해요.

2 **하루한장 앱 실행**

교재를 등록한 후, 매일매일 학습을 끝내고
스마트폰으로 하루한장 앱을 열어요.

3 **QR 코드 스캔**

교재의 정답 확인
QR 코드를 찍어요.

4 **학습 인증**

학습 완료를 인증하고
하루템을 모아요.

하루템을 모두 모아 골든티켓이 생기면
하루랜드에서 선물로 교환할 수 있어요.

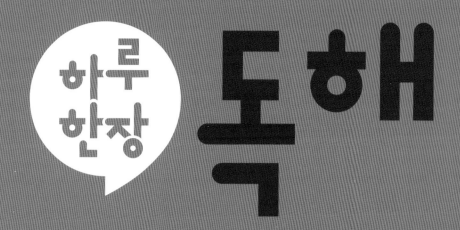

비문학 독해

사회편 1 단계 (1, 2학년)

바른답·알찬풀이

Mirae N 에듀

바른답 ·
알찬풀이

1장 학교는 어떤 곳인가요

매체 독해
• 9쪽

★ 어떤 매체 자료일까요?

학교에 가면 볼 수 있는 학교 안내도입니다. 학교 안에 있는 여러 시설물의 위치를 안내해 줍니다.

1 손님에게 학교를 안내해 줄 때 /
1학년 신입생에게 학교를 소개해 줄 때

2 ⑤

1 학교 안내도는 학교 시설물의 위치를 소개하는 것으로, 학교에 대해 잘 모르는 사람에게 학교를 안내하기 위해 활용합니다. 학교를 찾아오는 방법은 알 수 없습니다.

2 방과 후 교실은 운동장 쪽 유치원 옆 건물에 있습니다. ① 1층에 5-1, 5-2반이 있으며, ② 급식실은 1층에 있습니다. ③ 5학년은 5반까지 있고, ④ 층마다 화장실이 두 개씩 있습니다.

글 독해
• 10~11쪽

★ 어떤 글일까요?

학교의 뜻과 학교에서의 생활, 그리고 학교에 있는 여러 가지 시설을 알려 주는 글입니다.

★ 문단 요약

1문단	학교의 뜻
2문단	학교에서의 생활
3문단	학교에 있는 여러 가지 시설

1 ⑤

2 종민, 서영

3 교실

4 체육관, 운동장, 교무실, 급식실, 도서실

5 ②

1 이 글은 학교의 뜻과 학교에서의 생활, 학교에 있는 시설을 설명하고 있습니다.

2 1문단에서 학교는 지식을 얻고 다른 사람들과 어울려 지내는 방법도 배우는 곳이라고 하였습니다. 2문단에서 수업 시간에는 교과서를 가지고 공부도 하고 운동하기, 그림 그리기, 악기 연주하기와 같은 다른 활동도 한다고 하였습니다. 3문단에서는 교실, 운동장 등 학교 시설에 대해 알려 주고 있습니다.

3 2문단에서 아침에 등교하면 교실에 가서 담임 선생님과 반 친구들을 만나고, 수업을 받는다고 하였습니다. 또 3문단에서 교실에는 칠판, 책상, 의자, 사물함 등이 있다고 하였습니다.

4 3문단에서 교실, 도서실, 보건실, 운동장, 체육관, 급식실, 교무실, 행정실이 학교에 있는 시설이라고 하였습니다.

5 3문단에서 운동장은 수업을 마친 후 친구들과 자유롭게 이용할 수 있다고 하였습니다.

하루 어휘
• 12쪽

1

2 (1) 과목 (2) 특별실

3 (1) 교무실 (2) 교과서 (3) 사물함 (4) 급식실

2 낱말 사이에는 한 낱말이 다른 낱말의 뜻을 포함하거나 다른 낱말의 뜻에 포함되는 경우가 있습니다. (1)에서 국어, 미술, 수학, 체육은 과목의 한 종류이고, (2)에서 급식실, 도서실, 보건실은 모두 학교에 있는 특별실입니다.

2장 **학교생활을 바르게**

● 13쪽

매체 독해

★ 어떤 매체 자료일까요?

학교에서 지켜야 하는 규칙을 소개한 안내문입니다. 학교는 여러 사람이 함께 생활하는 곳이므로 규칙을 잘 지켜야 합니다.

1 ③
2 윤지

1 안내문에서는 학교에서 수업 시간에 지켜야 하는 규칙, 교실과 복도, 화장실에서 지켜야 할 규칙을 소개하고 있습니다.

2 수업 시간에는 선생님 말씀을 잘 듣고 열심히 공부해야 합니다. 교실이나 복도, 계단에서는 뛰어다니지 않습니다.

글 독해

● 14~15쪽

★ 어떤 글일까요?

학교생활을 바르게 하기 위해 필요한 수업 태도, 등하교 시간 지키기, 차례 지키기, 정리 정돈하기와 같은 규칙을 알려 주는 글입니다.

★ 문단 요약

1문단	규칙의 뜻과 규칙이 필요한 까닭
2문단	등하교 시간 지키기
3문단	수업 시간 규칙 지키기
4문단	활동할 때 차례 지키기
5문단	정리 정돈하기

1 ①
2 (○)(○)(   )(○)
3 ③, ④
4 ○ ○ × ○
5 ⑤

1 1문단에 나온 내용으로, 여러 사람이 다 같이 지키기로 정한 약속을 '규칙'이라고 하였습니다.

2 2문단에서 등교 시간과 하교 시간 지키기, 3문단에서 수업 시간에 떠들지 않기, 5문단에서 주변 정리 정돈하기를 설명하였습니다. 특히 3문단에서 발표는 손을 들고 있다가 선생님이 시킬 때 이야기해야 한다고 하였습니다.

3 학교는 다 같이 생활하는 곳이므로 모두가 사이좋게 지내기 위해서는 규칙이 필요하다고 하였습니다.

4 체육 시간이나 체험 활동을 할 때, 도서관에서 책을 빌릴 때, 급식을 나눠 받을 때에는 정해진 순서를 지켜야 한다고 하였습니다. 등교할 때에는 순서대로 교실에 들어가지 않아도 됩니다.

5 ①은 1문단에, ②는 4문단에, ③은 2~5문단에, ④는 3문단에 나와 있는 내용입니다.

하루 어휘

● 16쪽

1 (1) 필요 (2) 주변 (3) 방해
2 (1) 오다 (2) 어기다 (3) 배우다
3 ╳

3 '떠들다'는 '시끄럽게 큰 소리로 말하다.'라는 뜻이고, '마치다'는 '어떤 일이나 과정, 절차 따위가 끝나다.'라는 뜻이며, '망가지다'는 '부서지거나 찌그러져 못 쓰게 되다.'라는 뜻입니다.

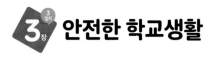

3장 안전한 학교생활

●17쪽

매체 독해

★ 어떤 매체 자료일까요?
학교에서 일어나는 안전사고를 알아보기 쉽게 정리한 그래프입니다.

1 (○) (   ) (   )
2 (1) × (2) ○ (3) ○

1 그래프를 보면 학교 안전사고가 가장 많이 발생하는 장소는 운동장입니다.

2 학교 안전사고는 교실이나 운동장, 수업 시간이나 점심시간 등 언제 어디서나 발생할 수 있으므로 항상 조심해야 합니다. (1) 학교에서 안전사고가 가장 많이 발생하는 시간은 점심시간으로 나타나 있습니다.

글 독해

●18~19쪽

★ 어떤 글일까요?
안전한 학교생활의 중요성을 설명한 글입니다. 학교 안 교실과 운동장, 학교 밖 등굣길, 하굣길에서의 안전에 대해 살펴봅니다.

★ 문단 요약

1문단	안전한 학교생활의 중요성
2문단	교실에서 안전하게 지내는 방법
3문단	운동장을 안전하게 이용하는 방법
4문단	등하굣길에 안전하게 다니는 방법

1 안전
2 ④
3 (선 연결)
4 ④
5 원석, 지수

1 1문단에서 안전한 학교생활의 중요성을 알려 주고, 2~4문단에서 안전하게 학교생활을 하는 방법을 설명하였습니다.

2 학교 안전사고가 가장 많이 일어나는 곳은 운동장이라고 하였습니다.

3 연필, 가위를 가지고 장난을 치면 친구에게 상처를 낼 수 있고, 놀이기구를 이용하다가 떨어질 수 있습니다. 길에서는 자전거에 부딪혀 다칠 수 있습니다.

4 ①, ②, ③과 관련된 내용은 2문단에, ⑤는 1문단에 제시되어 있습니다.

5 교실에서 뛰어다니면 위험하다고 2문단에서 설명하였습니다. 3문단에서 학교 운동장에서 안전하게 운동하고 노는 방법, 4문단에서 등하굣길에 안전하게 다니는 방법에 대해 설명하였습니다.

하루 어휘

●20쪽

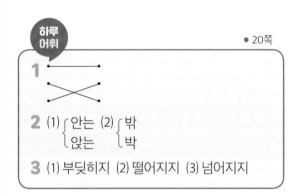

2 (1) ⎰ 안는 ⎱ (2) ⎰ 밖 ⎱
      ⎰ 앉는 ⎱   ⎰ 박 ⎱
3 (1) 부딪히지 (2) 떨어지지 (3) 넘어지지

3 '넘어지다'는 '사람이나 물체가 한쪽으로 기울어지며 쓰러지다.'를 뜻하고, '떨어지다'는 '위에서 아래로 내려지다.'를 뜻하며, '부딪히다'는 '무엇과 무엇이 힘 있게 마주 닿게 되다.'를 뜻합니다.

4장 우리는 다정한 친구

매체 독해

• 21쪽

★ 어떤 매체 자료일까요?

친구를 배려하는 말에 대한 역할극 대본입니다. 인물의 마음을 생각하며 읽어봅시다.

1 ⑤

2 정말 속상했겠다. 나도 너였다면 무척 서운했을 것 같아. / 너는 그림을 잘 그리니까 다음에는 꼭 뽑힐 거야. 힘내!

1 솔이가 무궁화 그리기 대회에서 상을 받지 못한 하루의 속상한 마음을 배려하지 않고 말했기 때문입니다.

2 친구의 기분을 이해하고, 친구의 감정을 같이 느끼면서 대화하면 친구와 사이가 더욱 좋아질 수 있습니다.

글 독해

• 22~23쪽

★ 어떤 글일까요?

학교에서 친구들과 사이좋게 지낼 수 있는 방법을 소개하는 글입니다.

★ 문단 요약

1문단	새로운 친구와 사이좋게 지내기
2문단	친구에게 먼저 인사하기
3문단	친구에게 고운 말 쓰기
4문단	친구를 도와주고 약속 지키기

1 ③

2 인사

3 (1) 좋아, 고마워, 괜찮아
　　(2) 미워, 싫어, 바보야

4 ③, ④

5 (1) ✕　(2) ○　(3) ○　(4) ✕

1 이 글에서는 친구에게 먼저 인사하기, 친구에게 고운 말 쓰기, 친구를 도와주고 약속 지키기 등 친구들과 잘 지내는 여러 가지 방법을 설명하고 있습니다.

2 인사를 하면 친구에게 좋은 인상을 주고 친구와 더 쉽게 친해질 수 있습니다.

3 3문단에서 고운 말과 거친 말의 예를 제시하고 있습니다.

4 4문단에서 어려움을 겪는 친구를 돕는 행동을 설명하였습니다.

5 친구와 한 약속을 잘 지키고, 친구에게 먼저 인사하면 친구와 친해질 수 있다고 하였습니다.

하루 어휘

• 24쪽

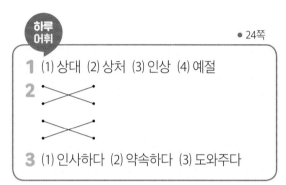

1 (1) 상대　(2) 상처　(3) 인상　(4) 예절

2

3 (1) 인사하다　(2) 약속하다　(3) 도와주다

2 '거칠다'는 '말하는 투가 세련되지 못하고 그 내용이 점잖지 못하며 막되다.'라는 뜻입니다. 따라서 반대의 뜻을 가진 낱말은 '곱다'가 적절합니다.

신나는 퍼즐 퍼즐

• 25쪽

1장 **우리나라의 사계절**

5일차

매체 독해
• 27쪽

★ 어떤 매체 자료일까요?

우리나라의 계절별 강수량과 기온을 나타낸 그래프입니다. 계절별 강수량과 기온을 비교해 볼 수 있습니다.

1 (1) ㉠ (2) ㉡
2 (1) ○ (2) × (3) ○ (4) ×

1 계절별 강수량을 알고 싶으면 ㉠ 그래프를, 계절별 기온을 알고 싶으면 ㉡ 그래프를 살펴보아야 합니다.

2 (2) 가을의 강수량은 297.4mm, 겨울의 강수량은 89.6mm로, 가을에 겨울보다 비가 더 많이 내립니다. (4) 기온이 가장 높은 계절은 여름이며, 여름에 비가 가장 많이 내립니다.

글 독해
• 28~29쪽

★ 어떤 글일까요?

우리나라에 사계절이 나타나는 까닭과 계절별 날씨의 특징을 알려 주는 글입니다.

★ 문단 요약

1문단	우리나라에 사계절이 나타나는 까닭
2문단	봄, 여름의 특징
3문단	가을, 겨울의 특징

1 ⑤
2 ③
3 ⑤
4 여름
5 가을: 단풍, 상쾌함
　 겨울: 추움, 눈싸움, 눈썰매

1 이 글은 우리나라에 사계절이 나타나는 까닭과 계절별 날씨의 특징을 설명하고 있습니다.

2 ③ 태양과 가까워지는 여름에는 더워지고 태양과 멀어지는 겨울에는 추워진다고 설명하였습니다.

3 2문단에서 봄에 꽃샘추위와 황사가 나타난다고 설명하였습니다. ①과 ③은 여름, ②는 가을, ④는 겨울의 특징입니다.

4 여름에는 햇볕이 쨍쨍 내리쬐어 매우 덥고 열대야나 장마가 나타납니다.

5 3문단에서 가을과 겨울의 날씨와 모습, 놀이와 같은 여러 특징을 알 수 있습니다.

하루 어휘
• 30쪽

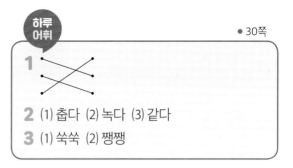

2 (1) 춥다 (2) 녹다 (3) 같다
3 (1) 쑥쑥 (2) 쨍쨍

3 '펑펑'은 '풍선이나 폭탄 따위가 갑자기 잇따라 요란스럽게 터지는 소리'를 나타내는 말입니다.

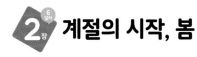

2장 계절의 시작, 봄

6 일차

매체 독해

● 31쪽

★ 어떤 매체 자료일까요?

봄에 볼 수 있는 일기 예보입니다. 봄철 날씨의 특징과 사람들의 생활 모습을 알 수 있습니다.

1 ⑤
2 승은, 현아

1 ⑤ 내일은 오늘보다 기온이 더 올라 따뜻한 날씨가 나타나겠다고 하였습니다.

2 황사의 영향으로 공기 상태가 좋지 않을 때에는 바깥에서 활동하기보다 집이나 건물 안에서 지내는 것이 좋습니다.

글 독해

● 32~33쪽

★ 어떤 글일까요?

봄철 사람들의 생활 모습, 봄을 맞아 농부들이 하는 일, 봄의 제철 음식에 대해 알려 주는 글입니다.

★ 문단 요약

1문단	봄철의 생활 모습
2문단	봄에 농사를 준비하는 농부들
3문단	봄에 먹을 수 있는 제철 음식

1 ①
2 ©, @
3 유정, 태빈
4 ④
5 (○) ( ) ( ) (○) ( ) (○)

1 이 글은 봄에 나타나는 여러 가지 생활 모습과 봄에 먹는 제철 음식을 설명하고 있습니다.

2 3문단에서 봄철 제철 음식으로 입맛을 찾을 수 있다고 하였으며, 1문단에서 봄에 꽃구경을 가기도 한다고 하였습니다.

3 봄에는 감기에 걸리기 쉽고 황사나 꽃가루 때문에 건강이 나빠질 수 있으니 조심해야 한다고 하였습니다.

4 2문단에서 봄에 농부들이 무슨 일을 하는지 알려 주고 있습니다. ④ 다 자란 벼를 베어서 수확하는 때는 가을입니다.

5 봄에 먹을 수 있는 제철 음식으로 달래, 냉이, 도미, 주꾸미, 딸기 등이 있다고 하였습니다.

하루 어휘

● 34쪽

1 (1) 농작물 (2) 도구 (3) 재료 (4) 거름
2 (1) 도미 (2) 꽃가루
3 (1) ○ (2) × (3) × (4) ○

3 (1), (4)의 '밤'은 그림과 같이 '해가 져서 어두워진 때부터 다음 날 해가 떠서 밝아지기 전까지의 동안'을 나타내는 말입니다. (2), (3)의 '밤'은 '밤나무의 열매'를 나타내는 말입니다.

3장 더운 여름

매체 독해

● 35쪽

★ 어떤 매체 자료일까요?
여름철 물놀이 안전사고를 예방하기 위한 안내 포스터입니다. 물놀이를 할 때 지켜야 하는 안전 수칙을 알려 주고 있습니다.

1 ⑤

2 (1) ○ (2) × (3) ○

1 물놀이를 하면서 일어날 수 있는 안전사고를 예방하기 위해 안전 수칙을 안내하였습니다.

2 (2) 구명조끼는 내 몸에 꼭 맞는 것을 입는 것이 안전합니다.

글 독해

● 36~37쪽

★ 어떤 글일까요?
여름철 사람들의 생활 모습을 설명하고, 여름을 건강하게 보내는 방법, 물놀이를 할 때 지켜야 하는 안전 수칙을 알려 주는 글입니다.

★ 문단 요약

1문단	여름철의 생활 모습
2문단	여름을 건강하게 보내는 방법
3문단	여름철 물놀이 안전 수칙

1 여름

2 ②

3 (1) 장마 (2) 안전사고

4 ┌─────┐

5 (1) × (2) ○

1 여름에는 얇은 옷을 입고, 물놀이를 간다고 하였습니다.

2 2문단에서 아이스크림 같은 차가운 음식을 너무 많이 먹으면 건강에 좋지 않다고 하였습니다.

3 1문단에 장마가 끝나면 무더운 날씨가 계속된다는 내용이, 3문단에 물놀이 안전사고를 조심해야 한다는 내용이 나와 있습니다.

4 3문단에서 물놀이를 할 때 지켜야 하는 안전 수칙을 설명하고 있습니다.

5 여름에는 날씨가 매우 덥기 때문에 선풍기나 에어컨을 켜고 생활하기도 합니다. 바다나 계곡에서 물놀이를 할 때에는 갑자기 물이 깊어질 수 있으므로 조심해야 하고, 부모님이나 안전 요원이 있는 곳에서 놀아야 합니다.

하루 어휘

● 38쪽

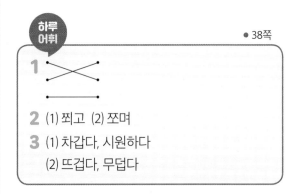

2 (1) 찌고 (2) 쪼며

3 (1) 차갑다, 시원하다
(2) 뜨겁다, 무덥다

3 '무덥다'는 '습도와 온도가 매우 높아 찌는 듯 견디기 어렵게 덥다.'를 뜻합니다.

4장 높고 푸른 가을

● 39쪽

매체 독해

★ 어떤 매체 자료일까요?

가을을 맞아 단풍 구경을 다녀온 유진이의 누리 소통망(SNS) 화면입니다. 가을의 풍경이 잘 나타나 있습니다.

1 ③
2 ④

1 유진이가 가족들과 함께 뒷산으로 '단풍 구경'을 간 내용을 쓴 글입니다.

2 잎이 알록달록 물든 단풍을 구경하고, 하늘이 높고 맑았다고 하였습니다. 또 떨어진 샛노란 은행잎을 줍고, 날씨가 갑자기 쌀쌀해져서 겉옷을 입었다고 하였습니다.

글 독해

● 40~41쪽

★ 어떤 글일까요?

가을 날씨와 생활 모습에 대해 설명한 글입니다. 특히 가을의 생활 모습은 야외 활동과 농사일로 나누어 설명하였습니다.

★ 문단 요약

1문단	가을의 특징
2문단	가을의 날씨
3문단	가을철의 생활 모습 ① - 야외 활동
4문단	가을철의 생활 모습 ② - 농작물 수확

1 ②
2 ③
3 다솜
4 단풍, 수확, 코스모스
5 (1) 안개 (2) 서리

1 이 글은 가을 날씨와 가을의 생활 모습을 설명한 글입니다.

2 1문단, 2문단에서 가을 날씨에 대해 설명하고 있습니다. 늦가을에는 낮의 길이가 점점 더 짧아진다고 하였습니다.

3 2문단에서 가을이 되면 날씨가 추워져서 짧은 옷보다는 긴 옷을 입고 가벼운 외투를 걸치기도 한다고 설명하였습니다.

4 가을에는 단풍이 들고, 곡식을 수확합니다. 또 가을에는 코스모스가 핀다고 하였습니다. 새싹은 봄, 강추위는 겨울과 관련된 말입니다.

5 2문단에서 가을에는 안개가 자주 끼고, 작은 얼음 알갱이인 서리가 내리기도 한다고 하였습니다.

하루 어휘

● 42쪽

1 (1) 건조하다 (2) 선선하다
　(3) 쾌청하다 (4) 수확하다
2 (1) 황금빛 (2) 울긋불긋
3 (1) ① (2) ②

2 (2) '울긋불긋'은 '짙고 옅은 여러 가지 빛깔들이 야단스럽게 한데 뒤섞여 있는 모양'을 나타내고, '얼룩덜룩'은 '여러 가지 어두운 빛깔의 점이나 줄 따위가 조금 성기고 고르지 아니하게 무늬를 이룬 모양'을 나타냅니다.

5장 ⁹눈 내리는 겨울

매체 독해
• 43쪽

★ 어떤 매체 자료일까요?
눈과 얼음으로 덮인 북극 탐사를 다룬 자연 다큐멘터리입니다. 북극의 환경과 북극곰의 모습을 확인할 수 있습니다.

1 ⑤
2 그린란드, 북극곰

1 얼음 위를 달리는 기차에 대한 설명은 나와 있지 않습니다. 2문단에서 얼어붙은 땅 위를 개썰매를 타고 이동하였다고 하였습니다.

2 1문단에서 그린란드는 북극에 있는 나라로, 세계에서 가장 큰 섬나라라고 하였습니다. 2문단에서 겨울철 새끼를 데리고 있는 어미 북극곰은 매우 난폭하다고 하였습니다.

글 독해
• 44~45쪽

★ 어떤 글일까요?
겨울의 날씨를 설명하고, 눈이 내리는 까닭과 눈의 종류, 눈에 대비한 옛날 사람들의 생활 모습을 알려 주는 글입니다.

★ 문단 요약

1문단	겨울의 날씨
2문단	눈이 내리는 까닭
3문단	눈의 종류
4문단	눈에 대비한 옛날 사람들의 생활 모습

1 ①　　　**2** ③
3 (2), (3), (1)
4 가루눈 /
　　물기, 얼음 알갱이
5 (1) 둥구니신 (2) 설피

1 이 글은 눈이 내리는 까닭, 눈의 종류, 많은 눈에 대비한 옛날 사람들의 생활 모습을 설명하였습니다.

2 눈송이가 잘 뭉쳐지는 눈은 함박눈이고 가루눈은 눈송이가 잘 뭉쳐지지 않는다고 하였습니다.

3 2문단에서 구름을 이루는 물방울이 얼어붙어 얼음 알갱이가 된 뒤에 점점 커져서 무거워지면 눈이 되어 땅으로 떨어진다고 하였습니다.

4 3문단에서 함박눈, 가루눈, 싸라기눈에 대해 설명하고 있습니다.

5 4문단에서 옛날에 눈 위에서 신던 신발에 대한 설명을 찾을 수 있습니다.

하루 어휘
• 46쪽

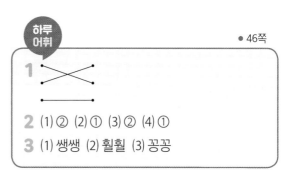

2 (1) ② (2) ① (3) ② (4) ①
3 (1) 쌩쌩 (2) 훨훨 (3) 꽁꽁

2 ①의 '눈길'은 '눈에 덮인 길'을 뜻하고, ②의 '눈길'은 '눈이 가는 곳 또는 눈으로 보는 방향'을 뜻합니다.

신나는 퍼즐 퍼즐
• 47쪽

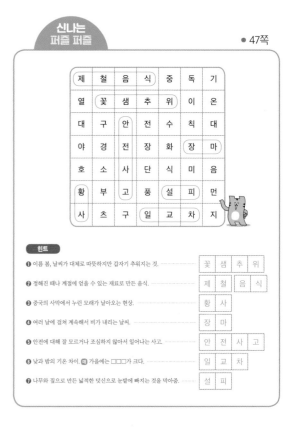

힌트

❶ 이른 봄, 날씨가 대체로 따뜻하지만 갑자기 추워지는 것. .... 꽃 샘 추 위

❷ 정해진 때나 계절에 얻을 수 있는 재료로 만든 음식. .... 제 철 음 식

❸ 중국의 사막에서 누런 모래가 날아오는 현상. .... 황 사

❹ 여러 날에 걸쳐 계속해서 비가 내리는 날씨. .... 장 마

❺ 안전에 대해 잘 모르거나 조심하지 않아서 일어나는 사고 .... 안 전 사 고

❻ 낮과 밤의 기온 차이. 예 가을에는 □□□가 크다. .... 일 교 차

❼ 나무와 짚으로 만든 넓적한 덧신으로 눈밭에 빠지는 것을 막아줌. .... 설 피

1장 한집에 살면 모두 가족인가요

매체 독해
● 49쪽

★ 어떤 매체 자료일까요?
5월에 있는 가족과 관련된 기념일을 소개한 신문 기사입니다. 어린이날, 어버이날, 부부의 날에 대해 알려 주고 있습니다.

1 어린이날, 어버이날, 부부의 날

2 ②

1 신문 기사에서는 가정의 달 5월을 맞아 5월 5일 어린이날, 5월 8일 어버이날, 5월 21일 부부의 날을 소개하였습니다.

2 ② 신문 기사에 어린이날, 어버이날, 부부의 날이 언제 만들어졌는지에 대한 내용은 나와 있지 않습니다.

글 독해
● 50~51쪽

★ 어떤 글일까요?
가족의 뜻을 알아보고, 가족의 여러 가지 형태와 가족의 다양한 기능을 알려 주는 글입니다.

★ 문단 요약
1문단	가족의 뜻
2문단	가족의 다양한 형태
3문단	가족의 기능

1 ④
2 ④
3 유정
4 (○)(○)(   )(○)
5 ㉠, ㉡

1 꼭 핏줄이 이어지지 않았더라도 입양을 통해서도 가족이 될 수 있다고 하였습니다.

2 1문단에서 가족의 뜻을 알 수 있고, 2문단에서 가족의 다양한 모습을 알 수 있습니다. 3문단에서는 가족의 기능과 소중함을 알 수 있습니다. ④ 가족 행사에 대한 내용은 설명하지 않았습니다.

3 2문단에서 모든 가족이 꼭 어머니와 아버지, 자녀로 이루어지지는 않는다는 것을 알 수 있습니다.

4 선생님이나 친구는 한집에 살아도 가족 구성원으로 보기 어렵습니다.

5 3문단에 가족의 여러 가지 기능이 설명되어 있지만, 어려운 사람을 도와주거나 필요한 물건을 직접 만든다는 내용은 나와 있지 않습니다.

하루 어휘
● 52쪽

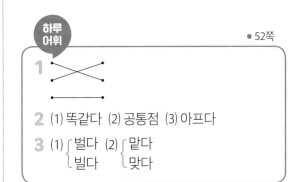

2 (1) 똑같다 (2) 공통점 (3) 아프다
3 (1) ┌ 벌다   (2) ┌ 맡다
         └ 빌다   └ 맞다

2 '차이점'은 '서로 같지 아니하고 다른 점'을 뜻하는 말로, '공통점'과 반대의 뜻을 가집니다.

2장 ¹¹_{일차} **옛날과 오늘날의 가족 형태**

매체 독해

● 53쪽

★ 어떤 매체 자료일까요?

수업 시간에 배운 내용을 확인하기 위해 댓글을 써 보는 활동입니다. 확대 가족과 핵가족의 모습을 구분하고 있습니다.

1 확대 가족, 핵가족
2 서아, 미래

1 선생님은 '결혼한 자녀와 부모가 함께 사는 가족'인 확대 가족과 '결혼하지 않은 자녀와 부모가 함께 사는 가족'인 핵가족을 구분하여 설명하였습니다.

2 자두네 가족은 부모님과 결혼하지 않은 어린 자녀들이 함께 사는 핵가족입니다. 기영이네 가족은 기영이 아버지가 결혼 후 기영이를 낳고 부모님과 함께 사는 확대 가족입니다.

글 독해

● 54~55쪽

★ 어떤 글일까요?

오늘날 가족의 형태가 확대 가족에서 핵가족으로 변했음을 설명하고, 핵가족과 확대 가족의 특징을 알려 주는 글입니다.

★ 문단 요약

1문단	가족 형태의 종류와 변화
2문단	옛날의 확대 가족
3문단	오늘날의 핵가족

1 확대 가족, 핵가족
2 ①
3 ④
4 지우, 성민
5

1 1문단에서 옛날에는 확대 가족이 많았지만, 오늘날에는 핵가족이 더 많아졌다고 설명하였습니다.

2 가족의 형태는 확대 가족과 핵가족이 있는데, 농사를 많이 지을 때에는 확대 가족이 많았고, 산업이 발달하면서 핵가족이 많아졌다고 하였습니다.

3 ④ 가족 각자의 의견이 쉽게 무시되지 않는 장점이 있는 것은 핵가족이라고 하였습니다.

4 도시가 생겨나면서 도시로 이동하는 사람들이 늘어났고 그에 따라 점차 핵가족이 많아졌다고 하였습니다.

5 3문단에서 핵가족의 특징을, 2문단에서 확대 가족의 특징을 설명하고 있습니다.

하루 어휘

● 56쪽

1 (1) 책임 (2) 권리 (3) 의견
2 (1) 옛날 (2) 도시 (3) 장점
3 (1) ① (2) ②

2 (2) 시골은 도시에서 떨어져 있는 지역으로, 주로 도시보다 인구수가 적고 개발이 덜 되어 자연을 접하기가 쉬운 곳입니다.

3장 뭐라고 불러야 하나요

● 57쪽

★ 어떤 매체 자료일까요?

친척의 호칭을 알아보기 위한 인터넷 검색 화면입니다. 친가와 외가 쪽 친척을 부르는 호칭을 보여 주고 있습니다.

1 ⑤
2 ○표: 할아버지, 고모, 큰아버지, 고모부,
    고종사촌
   △표: 외할아버지, 이모, 이종사촌, 외숙모,
    외삼촌

1 검색창을 보면 '아빠의 형'을 부르는 호칭을 질문하였습니다. 관련 이미지를 보면 아빠의 형은 '큰아버지'로 나타나 있습니다.

2 관련 이미지에서 친가와 외가 쪽 친척의 호칭을 구분하여 보여 주고 있습니다.

● 58~59쪽

★ 어떤 글일까요?

친척의 뜻을 살펴보고, 친가와 외가의 친척들을 부르는 호칭에 대해 알려 주는 글입니다.

★ 문단 요약

1문단	친척의 뜻과 친척 호칭의 중요성
2문단	친가와 관련된 호칭
3문단	외가와 관련된 호칭

1 ③
2 서연, 민수
3

4 (1) ○ (2) × (3) ○
5 외삼촌, 이모, 외숙모

1 이 글은 친척의 호칭에 대해 친가와 외가로 나누어 설명하고 있습니다.

2 촌수는 '친척 사이의 멀고 가까운 거리를 나타내는 수'로 친척을 부르는 호칭이 아닙니다.

3 2문단에서 친가 쪽 친척의 호칭을, 3문단에서 외가 쪽 친척의 호칭을 알 수 있습니다.

4 (2) 아버지의 남자 형제인 삼촌이 결혼하면 '큰아버지'나 '작은아버지'로 호칭이 바뀌게 됩니다. 아버지의 여자 형제인 고모, 어머니의 남자 형제인 외삼촌이나 여자 형제인 이모는 결혼을 해도 호칭이 바뀌지 않습니다.

5 3문단에서 외가와 관련된 호칭으로 외삼촌, 이모, 외숙모가 있다는 것을 확인할 수 있습니다.

● 60쪽

1 (1) 호칭 (2) 집안 (3) 촌수
2 (1) 친척 (2) 친가
3 (1) 결혼, 혼인 (2) 나이, 연세 (3) 부인, 아내

3 (2) '연세'는 '나이'의 높임말입니다.

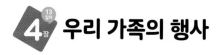

우리 가족의 행사

● 61쪽

매체 독해

★ 어떤 매체 자료일까요?

다은이와 지민이네 가족의 행사를 정리한 표입니다. 월별로 어떤 가족 행사가 있는지 살펴볼 수 있습니다.

1 가족 여행, 가족의 생일

2 (1) ○ (2) ✕ (3) ○

1 대표적인 가족 행사로는 가족의 생일, 가족 여행, 가족이 모여 함께하는 명절 등이 있습니다.

2 (2) 다은이네 가족 행사표를 보면 '설날 가족 모임', '추석 가족 모임'이라고 제시되어 있습니다.

글 독해

● 62~63쪽

★ 어떤 글일까요?

가족 행사의 좋은 점을 알아보고, 해마다 치르는 가족 행사와 특별한 날 치르는 가족 행사에 대해 알려 주는 글입니다.

★ 문단 요약

1문단	가족 행사의 좋은 점
2문단	해마다 치르는 가족 행사
3문단	특별한 날 치르는 가족 행사

1 (1) 돌잔치 (2) 환갑잔치 (3) 성년식

2 설날, 제사, 생일

3 졸업식, 입학식

4 선하

5 ②

1 2문단에서 돌잔치와 환갑잔치를 설명하였고, 3문단에서 성년식을 설명하였습니다.

2 2문단에서 생일, 설날이나 추석 같은 명절이 해마다 같은 시기에 치르는 가족 행사라고 하였습니다. 그리고 돌아가신 가족을 기억하며 제사를 지내기도 한다고 하였습니다.

3 입학식은 학교에 처음으로 들어가 선생님과 친구들을 만나는 행사, 졸업식은 배움을 모두 마친 것을 축하하는 행사라고 하였습니다.

4 가족의 중요하고 특별한 날에는 가족과 함께하는 것이 중요합니다. 아무리 친해도 친구의 생일은 가족 행사라고 할 수 없습니다.

5 이 글은 가족 행사의 좋은 점을 알려 주고, 어떤 가족 행사가 있는지 예를 들어 설명하는 글입니다.

하루 어휘

● 64쪽

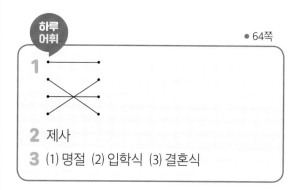

2 제사

3 (1) 명절 (2) 입학식 (3) 결혼식

3 명절은 설날이나 추석과 같이 오래 전부터 해마다 일정하게 지켜 즐기던 날이며, 입학식은 학교에 처음으로 들어가는 행사이고 결혼식은 배우자를 만나 부부가 되기로 약속하는 행사입니다.

5장 행복한 가족을 만들어요

매체 독해
● 65쪽

★ 어떤 매체 자료일까요?

미래네 가족의 소식을 전하는 가족 신문입니다. 미래네 가족의 구성원과 가족 행사, 가족 소식 등을 알 수 있습니다.

1 ④

2 사랑해요, 고마워요 등

1 가족 여행은 설악산으로 다녀왔으며, 가족회의는 마지막 주 일요일입니다. 미래의 동생은 아직 초등학생이 아니고, 미래네 가족은 아빠, 엄마, 미래, 여동생으로 4명입니다.

2 <우리 가족의 말말말> 부분을 보면 미래네 가족들은 '사랑해요', '네가 최고야', '고마워요'와 같은 말을 들으면 기분이 좋아진다고 하였습니다.

글 독해
● 66~67쪽

★ 어떤 글일까요?

행복한 가족이 되기 위해 노력해야 할 점을 알려 주는 글입니다. 가족 간에 지켜야 할 예절, 문제 해결을 위한 가족회의에 대해 설명하였습니다.

★ 문단 요약

1문단	가족의 생활 모습
2문단	가족 간에 지켜야 할 예절
3문단	문제 해결을 위한 가족회의 방법

1 ④

2 (1) × (2) ○

3 찬호, 준혁

4 (○)(×)(○)

5 ⑤

1 이 글은 가족이 함께 행복하게 살기 위해서 노력해야 할 점을 설명하였습니다.

2 2문단에서 가족 사이에 지켜야 할 예절이 여러 가지라는 것을 알 수 있습니다.

3 사용한 물건은 스스로 정리해야 하며, 밥을 먹을 때 휴대 전화를 보는 것은 식사 예절에 어긋납니다.

4 밥을 먹을 때에는 정해진 시간에 정해진 장소에 모여서 먹어야 합니다.

5 3문단에서 가족회의를 하면서 나온 의견은 곧바로 적어야 한다고 하였습니다.

하루 어휘
● 68쪽

1 (1) 존중하다 (2) 배려하다 (3) 공감하다

2

3 (1) 열다 (2) 적다 (3) 돕다 (4) 풀다

2 '서로'는 '관계를 이루는 둘 이상의 대상 사이에서, 각각 그 상대에 대하여'라는 뜻이고, '스스로'는 '자신의 힘으로'라는 뜻이며, '마음대로'는 '하고 싶은 대로'라는 뜻입니다.

신나는 퍼즐 퍼즐
● 69쪽

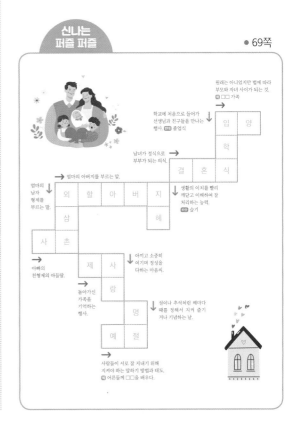

1장 명절과 국경일은 다른 건가요

매체 독해
● 71쪽

★ **어떤 매체 자료일까요?**

명절과 국경일을 살펴볼 수 있는 달력입니다. 명절과 국경일의 뜻을 알고 달력에서 구분해 볼 수 있습니다.

1 ○표: 추석, △표: 개천절, 한글날

2 한글날

1 우리나라의 명절에는 설날, 대보름날, 추석 등이 있고, 국경일에는 삼일절, 제헌절, 개천절, 광복절, 한글날이 있습니다.

2 10월 9일 한글날은 한글을 만든 세종 대왕의 업적을 기리고 한글의 우수성을 널리 알리기 위하여 정한 날입니다.

글 독해
● 72~73쪽

★ **어떤 글일까요?**

명절과 국경일의 뜻을 설명하고, 우리나라의 대표적인 명절과 국경일에 대해 알려 주는 글입니다.

★ **문단 요약**

1문단	달력에 적혀 있는 명절과 국경일
2문단	명절의 뜻과 대표적인 명절의 예
3문단	국경일의 뜻과 대표적인 국경일의 예

1 ①, ⑤

2 ⑤

3 (○)(　　)(　　)

4 ①, ②

5 형은

1 이 글은 명절과 국경일에 대해 설명하고 있습니다.

2 2문단에서 명절의 뜻과 대표적인 명절의 예와 풍속을 설명하였고, 3문단에서 국경일의 뜻과 대표적인 국경일의 예를 설명하였습니다.

3 설날에는 어른들께 세배를 드리고, 추석에는 송편을 빚는다고 하였습니다. 태극기를 다는 것은 국경일에 하는 일이라고 하였습니다.

4 3문단에서 국경일에 대해 설명하고 있습니다. ③, ④, ⑤는 명절에 대한 설명입니다.

5 1문단에서 명절과 국경일이 모두 쉬는 날은 아니라고 하였습니다.

하루 어휘
● 74쪽

1 (1) 성묘 (2) 달력 (3) 독립 (4) 음력

2 (1) 명절 (2) 국경일

3 (1) { 빚었다 / 빗었다 } (2) { 재배 / 지배 }

2 '명절'은 '전통적으로 해마다 여러 가지 행사와 놀이를 하며 즐기는 날'로, 단오, 동지, 한식, 대보름 등이 있습니다. '국경일'은 '나라의 경사를 기념하기 위하여 법으로 정한 날'로, 광복절, 삼일절, 한글날 등이 있습니다.

2장 16 설날과 추석

매체 독해
● 75쪽

★ 어떤 매체 자료일까요?
친구들이 추석 명절을 어떻게 보냈는지 알아보기 위해 댓글을 써 보는 활동입니다. 추석에 하는 다양한 일을 알 수 있습니다.

1 ①

2 명절, 풍요롭다

1 1반 친구들은 예쁜 송편을 빚고 오랫동안 보지 못했던 사촌들을 만나기도 하였습니다. 추석날 아침에는 차례를 지내고 밤에는 둥근 달을 보고 소원을 빌었습니다. ① 세배하기는 설날에 하는 풍속입니다.

2 추석은 풍요롭고 즐거운 우리의 대표 명절입니다.

글 독해
● 76~77쪽

★ 어떤 글일까요?
우리나라의 대표 명절인 설날과 추석에 하는 일, 먹는 음식, 놀이에 대해 알려 주는 글입니다.

★ 문단 요약

1문단	우리나라의 대표 명절인 설날과 추석
2문단	설날에 하는 일과 먹는 음식, 놀이
3문단	추석에 하는 일과 먹는 음식, 놀이

1 설날, 추석

2 인아

3 ④

4 (1) 송편 (2) 떡국

5 송편 /
윷놀이, 연날리기, 널뛰기 등 /
차례

1 이 글은 우리나라의 대표 명절인 설날과 추석에 대해 설명하고 있습니다.

2 2문단에서 설날, 3문단에서 추석에 하는 일을 소개하였습니다. 새해의 첫날인 설날에는 어른들께 세배를 드립니다.

3 ① 2, 3문단에 설날과 추석이 언제인지 나와 있으며, ②는 2문단에서, ③과 ⑤는 3문단에서 알 수 있습니다.

4 떡국은 가래떡을 얇게 썰어서 끓인 음식이고, 송편은 반달 모양의 떡이라고 하였습니다.

5 추석과 설날의 같은 점은 1문단에서 알 수 있고, 2문단과 3문단에서 추석과 설날의 다른 점을 알 수 있습니다.

하루 어휘
● 78쪽

1
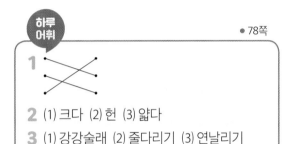

2 (1) 크다 (2) 헌 (3) 얇다

3 (1) 강강술래 (2) 줄다리기 (3) 연날리기

2 (1) 길이, 넓이, 높이, 부피를 나타낼 때에는 '크다'와 '작다'로 표현하고, 분량이나 정도를 나타낼 때에는 '많다'와 '적다'로 표현합니다.

3장 열두 달 세시 풍속

매체 독해
● 79쪽

★ 어떤 매체 자료일까요?
세시 풍속에 대한 내용이 나온 백과사전입니다. 세시 풍속의 뜻과 세시 풍속이 생겨난 까닭, 세시 풍속의 예를 알려 주고 있습니다.

1 세시, 습관, 세시 풍속
2 (1) ㉡, ㉣ (2) ㉠, ㉢

1 세시 풍속은 '세시'와 '풍속'이 합쳐진 말로, 매년 같은 날이나 때에 하는 행사라고 하였습니다.

2 중양절에는 국화전을 부치고 단풍을 즐겼으며, 대보름날에는 쥐불놀이를 하고 부럼을 깨물었습니다.

글 독해
● 80~81쪽

★ 어떤 글일까요?
세시 풍속의 뜻을 알아보고, 세시 풍속 중 정월 대보름과 단오의 풍속을 소개한 글입니다.

★ 문단 요약
1문단	세시 풍속의 뜻
2문단	정월 대보름의 풍속
3문단	단오의 풍속

1 ④
2 (선 잇기 문제)
3 음력 1월 15일, 새해 첫 보름달이 뜨는 날
4 ⑤
5 (1) ○ (2) △ (3) △ (4) ○

1 세시 풍속의 뜻을 설명하고, 정월 대보름과 단오의 풍속을 예로 들어 세시 풍속을 소개한 글입니다.

2 1문단에서는 세시 풍속의 뜻, 2문단에서는 정월 대보름의 풍속, 3문단에서는 단오의 풍속에 대해 설명하였습니다.

3 2문단에서 정월 대보름은 음력 1월 15일이라고 하였으므로, 무더위가 시작되는 때는 아닙니다. 창포물에 머리를 감는 날은 단오입니다.

4 대보름날에는 친구의 이름을 불러 더위를 파는 풍속이 있다고 하였으므로 친구들이 서로 만난다는 것을 알 수 있습니다.

5 2문단에서 정월 대보름에는 땅콩, 호두, 밤 등 부럼을 깨물어 먹고, 보름달을 보며 새해 소원을 빈다고 하였습니다. 3문단에서 단오에는 남자들은 씨름, 여자들은 그네타기를 한다고 하였습니다.

하루 어휘
● 82쪽

1 (1) 특정 (2) 수레바퀴 (3) 부스럼 (4) 창포
2 생일
3 (선 잇기 문제)

2 '동지'는 24절기의 하나로, 일 년 중 낮이 가장 짧고 밤이 가장 긴 날입니다. 동지가 되면 팥죽을 쑤어 먹고, 달력을 만들어 주고받았습니다.

옛날 사람들의 놀이

● 83쪽

매체 독해

★ 어떤 매체 자료일까요?

전통 놀이인 윷놀이 방법을 안내한 설명서입니다. 윷놀이 규칙과 윷말을 놓는 방법을 알려 주고 있습니다.

1 ◯ ☐ ☐ ☐ ☐

2 ④

1 설명서에서는 윷놀이 규칙과 윷말을 놓는 법 등 윷놀이를 하는 방법에 대해 설명하고 있습니다.

2 ④ 윷말을 놓는 법을 보면 윷이나 모가 나와야 윷말을 옮기고 나서 윷을 한 번 더 던질 수 있다고 하였습니다.

글 독해

● 84~85쪽

★ 어떤 글일까요?

전통 놀이의 특징을 살펴보고, 전통 놀이를 명절에 하던 전통 놀이와 일상생활에서 하던 전통 놀이로 나누어 알려 주는 글입니다.

★ 문단 요약

1문단	전통 놀이의 특징
2문단	명절에 하던 전통 놀이
3문단	일상생활에서 하던 전통 놀이

1 ③
2 (1) 윷놀이, 연날리기, 줄다리기
　　(2) 공기놀이, 딱지치기
3 공기놀이, 줄다리기, 딱지치기
4 ④
5 ⑤

1 ③ 전통 놀이는 오늘날에도 많은 사람이 즐겨 하는 놀이입니다. 전통 놀이의 특징은 1문단에서 알 수 있습니다.

2 2문단에서 명절에 하던 전통 놀이를, 3문단에서 일상생활에서 하던 전통 놀이를 설명하고 있습니다.

3 2문단, 3문단에서 전통 놀이에는 무엇이 있고 어떻게 하는지 알려 주고 있습니다.

4 제기차기는 제기가 바닥에 떨어지지 않도록 해야 하므로 발로 툭툭, 살며시 차야 합니다.

5 ⑤의 그림은 제기차기가 아니라 종이로 접어 만든 딱지를 이용해 즐기는 딱지치기를 나타낸 것입니다.

하루 어휘

● 86쪽

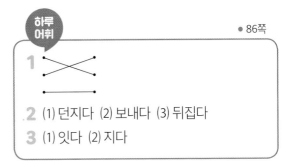

2 (1) 던지다 (2) 보내다 (3) 뒤집다
3 (1) 잇다 (2) 지다

3 (1) '끊다'는 '실, 줄, 끈 따위가 이어진 것을 따로 떨어지게 하다.'라는 뜻이고, '잇다'는 '끊어지지 않게 계속하다.'라는 뜻입니다.

5장 사라져 가는 세시 풍속

매체 독해
● 87쪽

★ 어떤 매체 자료일까요?
○○민속박물관에서 마련한 세시 풍속 체험 행사의 안내장입니다. 행사를 마련한 까닭과 체험할 수 있는 세시 풍속을 안내하고 있습니다.

1 ⑤

2 (1) × (2) ○ (3) ×

1 명절, 절기와 관련된 놀이와 먹을거리를 함께 체험하면서 세시 풍속에 대해 알아보는 시간을 갖기 위해 마련하였다고 하였습니다.

2 (1) 월별 안내를 보면 복조리와 화전 만들기는 4월에 체험할 수 있습니다. (3) 참여 대상은 초등학생과 동반 가족까지입니다.

글 독해
● 88~89쪽

★ 어떤 글일까요?
오늘날 세시 풍속이 사라져 가고 있음을 알려주고 그 까닭을 살펴보는 글입니다.

★ 문단 요약
1문단	사라져 가고 있는 세시 풍속
2문단	세시 풍속이 사라지는 까닭 ①
3문단	세시 풍속이 사라지는 까닭 ②

1 ④

2 ②

3 ㉠, ㉢

4 ④

5 ⑤

1 이 글은 오늘날 세시 풍속이 사라져 가고 있는 까닭을 설명한 글입니다.

2 옛날에는 농사와 관련된 세시 풍속 많았고 오늘날에는 사라지고 있다는 내용을 연결하고 있으므로 '하지만'이 알맞습니다.

3 오늘날에는 사람들이 대부분 회사나 공장에서 일을 하기 때문에 날씨와 계절의 영향을 적게 받습니다. 이에 따라 농사와 관련된 세시 풍속이 많이 줄어들었고, 산업의 발달로 사람들이 도시에 모여 살게 되면서 전통적인 세시 풍속은 거의 사라지게 되었습니다.

4 오늘날 새롭게 생겨난 세시 풍속이 많다는 내용은 나와 있지 않습니다. ①은 2문단에서, ②, ⑤는 1문단에서, ③은 3문단에서 알 수 있습니다.

5 이 글은 세시 풍속이 사라져 가고 있는 까닭을 설명하였으므로, 맨 뒤에 세시 풍속을 지켜 나가야 한다는 내용을 연결하는 것이 알맞습니다.

하루 어휘
● 90쪽

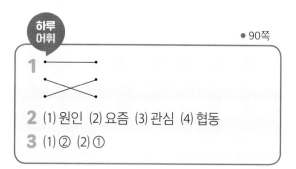

2 (1) 원인 (2) 요즘 (3) 관심 (4) 협동

3 (1) ② (2) ①

신나는 퍼즐 퍼즐
● 91쪽

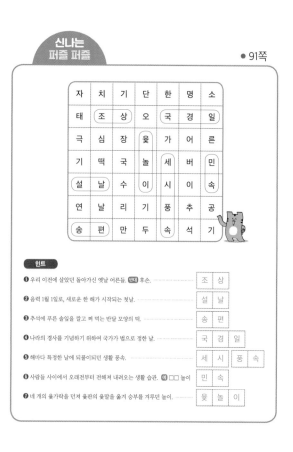

우리나라를 상징해요

매체 독해

● 93쪽

★ **어떤 매체 자료일까요?**

우리나라를 상징하는 것들 중에서 무궁화에 대해 검색한 내용입니다. 우리나라를 대표하는 꽃인 무궁화의 이름이 가진 뜻과 특징을 소개하였습니다.

1 무궁화

2 ④

1 우리나라를 상징하는 꽃인 '무궁화'의 이름은 '영원히 피고 또 피어서 지지 않는 꽃'이라는 뜻입니다.

2 ④ 무궁화는 한 그루에서 3천 송이가 넘는 꽃을 피운다고 하였습니다.

글 독해

● 94~95쪽

★ **어떤 글일까요?**

우리나라의 국가 상징 중에서 태극기와 무궁화, 그리고 애국가에 대해 알려 주는 글입니다.

★ **문단 요약**

1문단 | 우리나라의 상징 ① - 태극기

2문단 | 우리나라의 상징 ② - 무궁화

3문단 | 우리나라의 상징 ③ - 애국가

1 무궁화, 태극기, 애국가

2 ⑤

3

4 준호

5 ③

1 이 글에서는 태극기, 무궁화, 애국가의 세 가지 국가 상징을 설명하였습니다.

2 사람들에게 우리나라의 국가 상징인 태극기, 무궁화, 애국가에 대해 설명하기 위해 쓴 글입니다.

3 1문단에서 태극기의 각 부분이 의미하는 내용을 설명하고 있습니다.

4 2문단에서 무궁화는 어디에서나 잘 자라고, 다섯 장의 꽃잎이 붙어 하나의 꽃을 이룬다고 하였습니다.

5 ③ 1문단에서 태극기에 대해 설명하였는데, 태극기를 그리는 순서나 방법은 설명하지 않았습니다.

하루 어휘

● 96쪽

1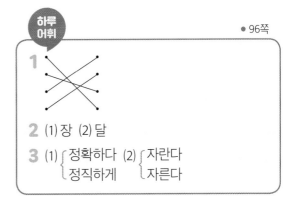

2 (1) 장 (2) 달

3 (1) { 정확하다 / 정직하게 } (2) { 자란다 / 자른다 }

2 '권'은 '책을 세는 단위'이고, '명'은 '사람을 세는 단위'입니다.

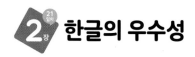

2장 ^{21일차} 한글의 우수성

● 97쪽

매체 독해

★ **어떤 매체 자료일까요?**

우리말 사랑에 대한 공익 광고입니다. 우리말의 'ㅌ'과 알파벳 'E'가 비슷한 모양인 것을 이용하여 우리말을 사랑하자는 내용을 전달하고 있습니다.

1 ①
2 ⑤

1 광고는 한글 'ㅌ'을 보고 알파벳 'E'로 착각하는 일의 문제점을 지적하고, 우리말을 더 사랑하자는 내용을 담고 있습니다.

2 아이에서부터 어른까지 국어보다 영어에 익숙해져 있어서 한글 'ㅌ'을 보고도 알파벳 'E'라고 생각하는 사람이 많다고 하였습니다. ⑤ 한글 'ㅌ'보다 알파벳 'E'를 더 좋아한다는 내용은 없습니다.

글 독해

● 98~99쪽

★ **어떤 글일까요?**

한글(훈민정음)의 탄생과 역사, 한글의 우수성에 대해 알려 주는 글입니다.

★ **문단 요약**

1문단	한글날 소개
2문단	한글의 탄생
3문단	한글의 우수성

1 ②
2 ②
3 훈민정음, 세종 대왕
4 ①
5 지욱

1 이 글은 한글의 탄생과 역사, 우수성에 대해 설명하고 있습니다.

2 1문단에 한글날을 정한 까닭이, 2문단에 세종 대왕이 한글을 만든 까닭과 훈민정음을 창제한 날이, 3문단에 한글의 우수성이 설명되어 있습니다. ② 한글날의 옛 이름은 나와 있지 않습니다.

3 2문단에서 한글의 탄생 과정을 설명하였습니다. 세종 대왕은 1443년에 글자를 모르는 백성을 위해서 훈민정음, 즉 오늘날의 한글을 창제하였습니다.

4 ① 훈민정음은 세계에서 유일하게 만든 사람과 만든 날짜가 알려진 글자라고 하였습니다.

5 한자는 우리나라의 글자가 아니라 중국의 것이라고 설명하였습니다. 정훈이가 말한 내용은 3문단, 민지가 말한 내용은 2문단에서 확인할 수 있습니다.

하루 어휘

● 100쪽

1 (1) 한자 (2) 업적 (3) 창제
2 (1) 읽고 (2) 익고
3 (1) 발표하다 (2) 훌륭하다 (3) 유일하다

3 (3) '유일하다'는 '오직 하나밖에 없다.'를 뜻합니다.

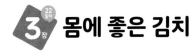

3장 몸에 좋은 김치

매체 독해

● 101쪽

★ 어떤 매체 자료일까요?

전국의 다양한 김치를 나타낸 지도입니다. 지역마다 다양한 재료를 이용하여 김치를 담근다는 것을 알 수 있습니다.

1 지역마다 다른 김치
2 (1) 다양한 (2) 적게 (3) 전라도

1 지도를 보면 지역마다 배추, 무, 파, 더덕, 깻잎 등 다양한 재료로 김치를 담근다는 것을 알 수 있습니다.

2 지도는 전국의 다양한 김치를 한눈에 보여 주고 있습니다. 함경도·평안도의 김치는 하얀색 백김치와 동치미로, 고춧가루가 적게 들어갔음을 알 수 있습니다. 갓김치와 고들빼기김치가 대표적인 지역은 전라도입니다.

글 독해

● 102~103쪽

★ 어떤 글일까요?

우리나라 고유의 음식인 김치의 다양한 종류와 우리 몸에 미치는 좋은 영향에 대해 알려 주는 글입니다.

★ 문단 요약

1문단	우리 고유의 음식 김치
2문단	지역별로 특색 있는 김치
3문단	몸에 좋은 김치

1 ①
2 ①
3 (1) 백김치 (2) 갓김치
4 (1) 유산균 (2) 비타민
5 ⑤

1 이 글은 김치의 다양한 재료, 지역마다 다른 김치의 종류, 김치가 몸에 좋은 점을 설명하였습니다. 김치를 만드는 방법은 설명하지 않았습니다.

2 김치를 만들 때 배추나 무뿐만 아니라 부추, 파, 오이 등 다양한 재료를 이용했다고 설명하였습니다.

3 2문단에서 고춧가루를 사용하지 않은 북부 지방의 백김치, 갓을 이용해 만든 남부 지방의 갓김치를 설명하고 있습니다.

4 김치가 몸에 좋은 이유에 대해 설명한 3문단에서 알 수 있는 내용입니다.

5 '이러한 우수성'의 내용이 김치가 건강에 좋다는 것이므로 3문단의 마지막 부분에 들어가는 것이 알맞습니다.

하루 어휘

● 104쪽

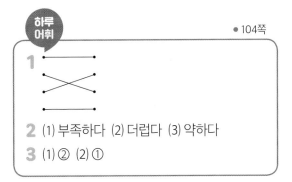

2 (1) 부족하다 (2) 더럽다 (3) 약하다
3 (1) ② (2) ①

2 (1) '풍부하다'는 '넉넉하고 많다.'라는 뜻으로, 반대의 뜻을 가진 말은 '부족하다'입니다. '넉넉하다'는 '크기나 수량 따위가 기준에 차고도 남음이 있다.'라는 뜻으로, '풍부하다'와 비슷한 뜻을 가지고 있습니다.

⁴⁴장²³쪽 아름다운 우리 옷

● 105쪽

★ 어떤 매체 자료일까요?

한복 교복에 대한 소식을 전하고 이에 대한 사람들의 의견을 묻는 신문 기사입니다.

1 찬성: 지훈, 윤선
   반대: 선하, 지민
2 ④

1 지훈과 윤선은 한복을 교복으로 입는 것에 찬성하고 있지만, 선하와 지민은 한복을 교복으로 입는 것에 반대하고 있습니다.

2 한복 교복에 대한 소식을 전하고, 이에 대한 사람들의 의견을 듣기 위해 댓글을 달아 달라고 하였습니다.

● 106~107쪽

★ 어떤 글일까요?

한복의 특징과 신분에 따라 다른 한복의 모습, 한복에 사용된 다양한 옷감을 알려 주는 글입니다.

★ 문단 요약

1문단	한복의 특징
2문단	신분에 따라 다른 한복의 모양
3문단	한복을 만들 때 쓰는 다양한 옷감

1 ⑤
2 저고리의 폭, 치마의 길이
3 ✕ (선 교차)
4 ③
5 미진

1 한복이 조선 시대에는 신분에 따라 모양이 달랐으며 다양한 옷감으로 만들었다는 것을 설명한 글입니다.

2 2문단에서 신분에 따라 저고리의 폭, 치마의 폭과 길이가 달라졌다는 것을 설명하였습니다. 조선 시대에는 모든 사람이 평소에 한복을 입었습니다.

3 3문단에서 무명, 삼베, 비단 등 한복을 만들 때 사용된 옷감에 대해 설명하였습니다.

4 ③ 2문단에서 평민 남자는 무명으로 만든 바지에 폭이 좁은 저고리를 입었다고 설명하였으며, 3문단에서 비단은 양반들이 입던 귀한 옷감이라고 하였습니다.

5 한복은 사계절 내내 입을 수 있는 실용적인 옷이라고 하였습니다.

● 108쪽

1 (1) 실용적 (2) 원료 (3) 신분 (4) 품
2 (1) 한복 (2) 옷감
3 (1) 다르다 (2) 길다 (3) 좁다

3 (1) '같다'와 반대의 뜻을 지닌 말은 '다르다'이고, '맞다'와 반대의 뜻을 지닌 말은 '틀리다'입니다.

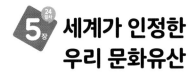

세계가 인정한 우리 문화유산

● 109쪽

매체 독해

★ 어떤 매체 자료일까요?

'한국의 갯벌'이 세계 자연 유산에 등재된 것을 알리는 뉴스 화면입니다.

1 멸종 위기에 처한 철새의 서식지이기 때문에 / 다양한 생물이 살고 있는 생태계의 보고이므로

2 ④

1 한국의 갯벌은 멸종 위기에 처한 철새의 서식지이자 생태계의 보고이기 때문에 그 가치를 인정받아 세계 자연 유산에 등재되었다고 하였습니다.

2 세계 자연 유산으로 지정된 까닭은 나와 있지만, 세계 자연 유산으로 등재되었을 때 좋은 점은 설명하고 있지 않습니다.

글 독해

● 110~111쪽

★ 어떤 글일까요?

우리나라의 세계 유산, 무형 문화유산, 세계 기록 유산을 알려 주는 글입니다.

★ 문단 요약

1문단	문화유산과 유네스코
2문단	우리나라의 세계 유산
3문단	우리나라의 무형 문화유산과 세계 기록 유산
4문단	문화유산을 지키려는 노력

1 유네스코

2

3 ○표: 수원 화성, 불국사·석굴암
　△표: 훈민정음, 조선왕조실록

4 ⑤

5 ③

1 유네스코가 인류 전체를 위해 보호해야 할 가치가 높은 유산을 지정하여 특별히 관리하고 있다고 하였습니다.

2 2문단과 3문단에서 유네스코 유산의 종류와 그 특징을 설명하였습니다.

3 2문단에서 우리나라의 세계 문화유산을, 3문단에서 우리나라의 세계 기록 유산을 소개하고 있습니다.

4 ①, ②, ③은 1문단에서 알 수 있으며, ④는 2, 3문단에서 알 수 있습니다. ⑤ 우리나라의 문화유산이 세계 유산에 등재된 때는 나와 있지 않습니다.

5 2문단에서 세계 유산으로 지정된 자연 유산, 3문단에서 형태가 없는 무형 문화유산에 대해 설명하였습니다.

하루 어휘

● 112쪽

1 (1) 인류 (2) 멸종 (3) 등재 (4) 유적지

2 건축물 ┐
　기록물 ┘─ 문화재

3 선정하다, 소중하다
　보호하다, 우수하다

3 '뽑다'는 '여럿 가운데서 어떤 것을 뽑아 정하다.'라는 뜻의 '선정하다'와 바꾸어 쓸 수 있습니다. '귀하다'는 '아주 보배롭고 소중하다.'는 뜻으로 '소중하다'와 바꾸어 쓸 수 있습니다.

6장 평화 통일의 꿈

매체 독해

● 113쪽

★ 어떤 매체 자료일까요?

학생들의 통일에 대한 인식을 조사한 결과표입니다. 북한과 통일에 대한 학생들의 생각을 알아볼 수 있습니다.

1 ④

2 미래

1 질문에 대한 답변을 보면 통일이 필요한 까닭에 대한 내용임을 알 수 있습니다.

2 통일이 필요한 까닭으로 가장 많은 의견이 나온 것은 남북 간 전쟁 위협을 없애기 위해서입니다.

글 독해

● 114~115쪽

★ 어떤 글일까요?

남한과 북한이 나뉘어지게 된 까닭, 통일이 필요한 까닭, 통일을 이루기 위한 남북한의 다양한 노력을 알려 주는 글입니다.

★ 문단 요약

1문단	남한과 북한의 분단
2문단	통일이 필요한 까닭
3문단	통일을 위한 다양한 노력

1 통일

2 ④

3 ③

4 승아

5 (1) ○ (2) ○ (3) ✕

1 이 글에서는 통일이 필요한 까닭과 통일을 이루기 위한 다양한 노력들에 관해 설명하고 있습니다.

2 ④ 남과 북으로 자유롭게 여행을 갈 수 없다고 하였습니다.

3 ③ 통일을 이루는 것이 세계에서 가장 강력한 나라가 되기 위해서는 아닙니다.

4 2문단에서 남북이 서로 싫어해서 갈라진 것은 아니라고 하였습니다.

5 통일을 위한 노력은 3문단에서 확인할 수 있습니다. 통일을 이루기 위해서는 남과 북이 서로의 상황을 이해하고 양보해야 합니다.

하루 어휘

● 116쪽

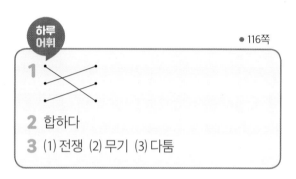

2 합하다

3 (1) 전쟁 (2) 무기 (3) 다툼

2 '갈라지다'는 '둘 이상으로 나누어지다.'라는 뜻으로, '헤어지다', '찢어지다', '나누어지다'와 비슷한 뜻을 가집니다. '합하다'는 '여럿이 한데 모이다.'라는 뜻으로 '갈라지다'와는 반대의 뜻을 가집니다.

신나는 퍼즐 퍼즐

● 117쪽

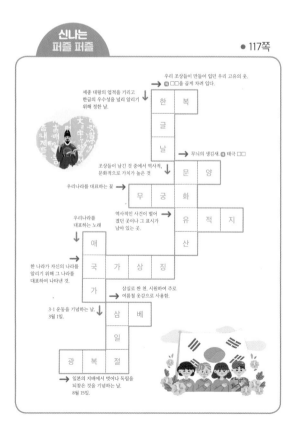

하루 한장 독해

비문학 독해

사회편 1단계~6단계   과학편 1단계~6단계

• 초등학교 사회·과학 교과 연계 주제 선정으로 학습 자신감을 기르는 독해
• 언어 환경에 따른 바른 정보 분석과 비판적 수용 능력을 기르는 독해
• 자기 주도적인 심화 학습이 가능한 블렌디드 러닝 독해

독해

비문학 독해
사회편 **1** 단계 (1, 2학년)

www.mirae-n.com

학습하다가 이해되지 않는 부분이나 정오표 등의
궁금한 사항이 있나요?
미래엔 홈페이지에서 해결해 드립니다.

교재 내용 문의
나의 교재 문의 | 수학 과외쌤 | 자주하는 질문 | 기타 문의

교재 자료 및 정답
동영상 강의 | 쌍둥이 문제 | 정답과 해설 | 정오표

초등학교

학년   반   이름